念仏申さるべし

四種法話

藤枝宏壽

永田文昌堂

まえがき

「少年は未来に生きる。壮年は現在に生きる。老年は過去に生きる」（平等明信『聞思して』）という言葉に感じて、聞法ノートにこうメモ書きしました。〝老年の「過去」が、自慢話・愚痴であってはならぬ。「お蔭さまであった」の過去でありたい〟と。そして今、老年になってからの出版を重ねるにあたり、まさに「お陰さま」と合掌しながら本書『念仏申さるべし』（四種法話）の構成をご紹介いたします。

四種の第一「掲示法語」というのは、毎月始めに有縁の門信徒に送っている掲示法語とイラストを上段に、その味わいを下段に書いた伝道ハガキです。平成一八年～二三年分は既刊『聞の座へ』でご披露しました。今回は平成二五年～令和三年の九年分から三六篇を選び、一月～一二月の各月ごとに三篇ずつ配列しご覧いただきます。

(2)「心のしおり」は福井新聞に毎月寄稿しているエッセイ風の法話で、平成三〇年一〇月以降令和四年二月までの分から二四篇を選んで載せました。既刊『実となる人生』では、それ以前の三〇篇を閲覧に供しています。

⑶「群萌」は、教職と住職と「二足草鞋」をはいて門徒教化が疎かになりがちな者同士が、「文書伝道」でその責めを果たそうと昭和三九年に創刊した季刊の文書です。B4版二頁から始まり今はA4版一〇頁、寄稿者は真宗四派に所属します。今回の拙稿は二〇四号から二二三号までの一六篇で、やや専門的に傾いた「法話」になりました。

⑷「法話」三篇は、口述の法話・講演をほとんどそのまま記録したもの。従って一篇の字数も増えています。ごゆっくりお読みください。

⑸付録として「念仏への道程」を作成してみました。浄土真宗の教えの総覧とでもいいましょうか、「本願を信じ念仏を申さば仏に成る」との教えを順を経てまとめてみたかったものです。ご笑覧、ご叱正ください。
◎本書の題名は曾祖父浄専の法語（二七三頁）から採りました。
すべて仏祖・ご縁深い皆々様の「お陰さま」の賜物です。ご高覧をお願いいたします。

目次

念仏申さるべし

一　掲示法語（了慶寺の伝道ハガキ三六篇）

一月　年頭掲示法語

1

あなとうと
不可思議光の
このいのち
生きなん今日も
拝んで燃えて

平澤　興

謹迎新春

平成二十五年　元旦

南伝仏暦二五五六年

元京都大学総長の平澤興先生はまた熱心な念仏者でありました。

先生の力強い信心のお言葉に励まされ、生かされてまいりたいと思います。

今年もよろしくお願い致します。

2

一月

年頭掲示法語

歳旦の
日出度きものは
念仏かな

句仏

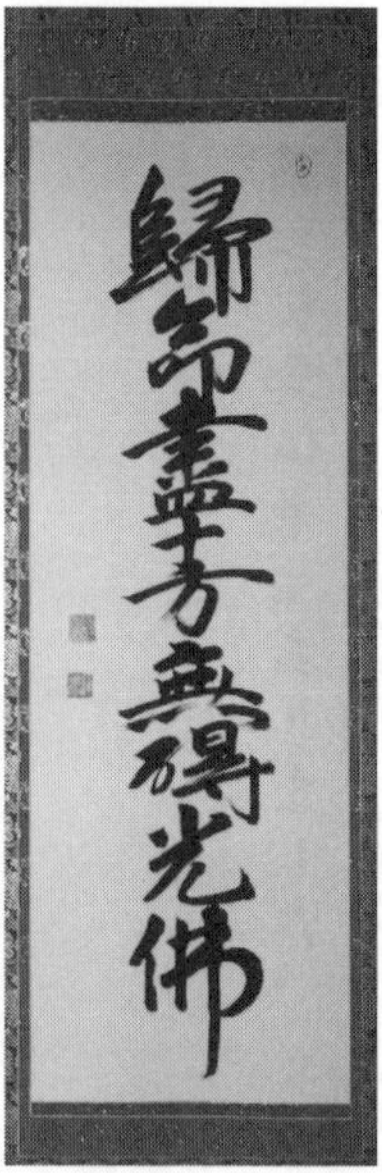

善明上人御染筆

謹迎新春

平成三十年（西暦二〇一八年）元旦

南伝仏暦二五六一年

句仏上人（明治八年～昭和十八年）は、東本願寺二十三世法主であり、また俳人、画家として有名なお方、生涯に二万の作句をされました。

私たちお互いに正月を迎えて、仏前にお参りできるのは大きな喜び、お念仏の他ないとのお勧めです。

またこの一年、ご法縁を深めさせていただきましょう。

3

一月

年頭掲示法語

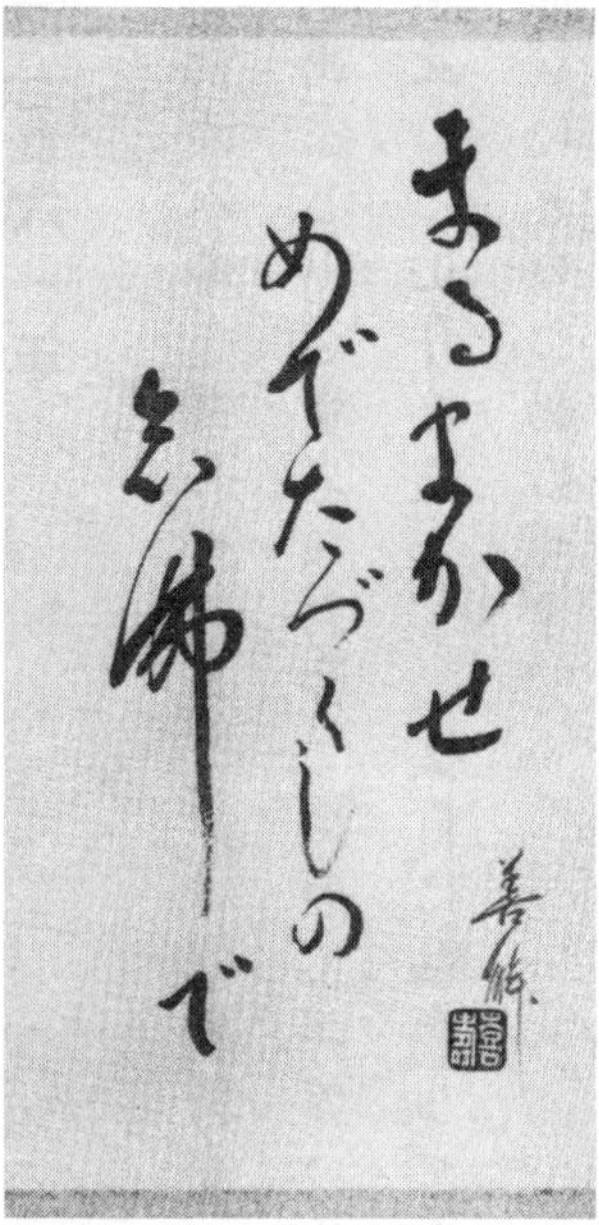

本山毫攝寺第二十四世
善解上人『一々華』より

謹迎新春

平成三十一年（西暦二〇一九年）

南伝仏暦二五六二年

元旦

「世の中安穏なれ、仏法ひろまれ」

との願いに生かされてまいりましょう。

え・堤美代子

4

二月

掲示法語

老いて
学べば
死して
朽ちず

佐藤一斎

撮影・津郷勇

佐藤一斎《さとういっさい》（一七七二〜一八五九）は江戸後期の儒学者です。その語録「言志晩録」に
「少《しょう》にして学べば壮《そう》にして為《な》すあり。壮にして学べば老いて衰えず。
　老いて学べば死して朽《く》ちず。」と出ています。
「朽ちる」とは「むなしく人生を終える」という意味でしょう。
「老いて呆《ほう》けてくると、欲やら腹立ち、愚痴など、
煩悩だけが目につくようになる」といいます。
そのまま死ねば、朽ちていく。空しく一生を終わることになります。
　老いて「学ぶ」とは、むずかしい学問をするということではなく、
「学仏大悲心《がくぶつだいひしん》」（仏さまの大悲のお心を学ぶ）のこと。
お念仏のおいわれをよくいただけば、仏に成る身となる。
人生の最終目的が達成されるのです。朽ちないのです。

5

二月　掲示法語

この法《のり》
聞き得《う》ることの
かたきかな
我かしこしと
思ふばかりに

一蓮院秀存

撮影・津郷勇

同行「『このみ法《のり》』って何ですか」

住職「仏法のこと。如来のお喚び声です」

同行「『聞き得《う》る』というのは？」

住職「聞いて肚《はら》に落ち、念仏が出ること」

同行「そりゃ簡単にはできませんね」

住職「そこですよ、自分は賢いと思い上がっているからです」

同行「でも私、特別偉いとは思っていません」

住職「そう、偉いとは思っていなくても、自分は愚かだ、迷っているとは思っていないでしょう」

同行「だって教育は受けていますよ」

住職「その教育が問題です。知識は増えるが、知識が増えるほど自己の内を観る眼が曇ってしまう。その曇りを破る如来の智慧の光に遇う時、己の愚かさを知らされ、『このみ法』が聞こえるのです」

6

二月　掲示法語

ものがいっぱい
ありながら
なにか不安で
もの足らない
もの足りない
なぜ？

みつを

撮影・津郷勇

相田みつを氏の答えを熟読玩味しましょう。

☆わたしは、人間のほんとうの幸せとは「充実感のある生き方」だと思っています。

☆感動いっぱい、感激いっぱいのいのちを生きたい。

☆おまえさんな
いま一体何が一番欲しい
あれもこれもじゃだめだよ
いのちがけでほしいものを
ただ一ツに的をしぼって言ってみな

☆やり直しのきかない人生
待った無しの命　　みつを

「人身《にんじん》受けがたし、今すでに受く」―それは分ります。
では「仏法聞きがたし、今すでに聞く」と言えますか？　生涯聞法あるのみです。

7

三月　掲示法語

「寒いね」と
話しかければ
「寒いね」と
答える人のいる
あたたかさ

俵　万智

え・堤美代子

三寒四温を実感するころ、ふと思い出したのが、『サラダ記念日』で一躍有名になった俵万智《たわらまち》さんの歌です。何ともいえない人情の温《あたた》かみが心を捉《とら》えます。高校生のとき武生市に住んでいた彼女は、福武線で福井の田原町《たわらまち》駅まで行き、藤島高校に通いました。（因《ちな》みに「たわら　まち」はペンネームでなく、漢字のままが本名だそうです。）

名前よりむしろ「寒いね」の会話、温《ぬく》みが福井での思い出であったのかも知れません。

しかし世の中には「答える」相手のおられない方もいる。いわゆる無縁社会で孤独無縁死する人が年間三万二千人もいるとは！　どれだけ話の温みを渇望されていたことでしょう。何とか法縁が活きる道はないものか？

岡崎賢著『無縁社会≠超高齢社会の闇と成年後見』（東京図書出版）を読んで思うことしきりです。ナム、南無。

8

三月 掲示法語

切り身になっても
いのちはいのち
殺生の罪は
切れてない

大井 玄

え・堤美代子

仏教では十悪・五逆を説きますが、その第一が殺生罪（生き物を殺す罪）です。生きている魚に包丁を入れるとき、ニワトリを絞めるときには、殺生している罪も感じるでしょう。しかし、切り身になってしまったときは、もう単なる食材・食品。その味や栄養価、値段だけが話題になる。

人に殺生の罪を負わせておいて、自分は切り身で平気。罪意識のかけらもなく、尊い無償の「いのち」をいただいているのだという感謝の思いもない！　それが罪深い私たちの実態ではないでしょうか。

そう気づいたら、せめて食前のことばだけでも、心をこめて唱和したいものです。

「多くのいのちとみなさまのおかげにより、
このごちそうをめぐまれました。
深くご恩を喜び、ありがたくいただきます」

そして食後の「**ごちそうさま**」も忘れずに。

9

三月　掲示法語

長く大夢《たいむ》に寐《い》ねて
出《い》でんと悕《ねが》ふを
知ることなし
このゆゑに
大悲心《だいひしん》を
興《おこ》したまへり

曇鸞

え・堤美代子

仏教伝道協会製作の英語仏教バッジでは、最初にWake Up!（目覚めよう！）と呼びかけています。後生《ごしょう》の一大事は大丈夫か？という問いかけです。

ある本に「宗教つり革論」が出ています。

電車が直線走行しているときは、つり革から離れていてもよいが、急カーブしたり、急ブレーキがかかったとき、つり革がなかったら大変！人生も同じ。宗教は、人生の急変（病気・事故・不和・死亡等）が起きたときこそ、その真価を発揮するものだといいます。

便利・健康・財布等の「大夢」に眠りこけないで、身に合ったつり革の大切さに目ざめ、平生から掴《つか》まっていましょう。

南無阿弥陀仏は最も確かな、力強い〝つり革〟です。

10

四月　掲示法語

天命に安んじて
人事を尽くす

清澤満之

撮影・津郷勇

おや、「人事を尽くして、天命を待つ」ではないの？

ええ、そうです。「やるだけのことはやった、後の結果がどうなるかは、天にまかせる他ない」というのが普通です。

しかしそこには、全力投球したんだという自負の心、自己満足の心、そして何とか良い結果が出るはずだという期待がある。

だが、天の判断がどうなるかの不安もあり、もし結果がダメだったらどんな思いになるのか。強そうで何か暗い一面があります。

それに対して、最初から天命に安んじる、仏のおはからいにまかせる、その上でみ教えのままに出来るだけのことをする…という生き方には、明るさがあります。

如来の仰せに帰命して、まかせ切っていく明るさです。

11

四月 掲示法語

おだやかな顔で
いつくしむ言葉をかけ
（和《わ》顔《げん》愛《あい》語《ご》）、
相手の心を
くみとって応《こた》えよう
（先《せん》意《い》承《じょう》問《もん》）。

——法蔵菩薩の願い

撮影・津郷勇

「五才児が覚えた文字で父母に乞う
　『ゆるしてくださいおねがいします』」（朝日歌壇　矢田紀子）

昨年三月に東京都目黒区でおきたこの児童虐待の悲しい「結愛《ゆあ》ちゃん」事件は、国中の人々の胸をしめつけました。

　ところが今年一月また、千葉県で栗原心愛《みあ》ちゃん（一〇才）が、これも父親・母親からの直接・間接の虐待で浴槽で死亡。しかも、その虐待の動画まで撮っていたとは！

　絶句するほかありません。

　二児とも「愛」の名がついてはいるが、両親は上記の法蔵菩薩の願いを聞いたことがあるのでしょうか？　念仏には菩薩の願いがこめられていることを！

　「涙には　涙にやどる仏あり　そのみ仏を　法蔵という」（木村無相）

12

四月

掲示法語

「憎い人」など
一人もいない
憎いと思う
私がいるだけ

聞法へのしおり

撮影・津郷勇

《今月のことば》『仏教こども新聞三月号』より

嫌いなあの子も仏の子

今日、席がえでA君のとなりになった。言ったらいけないと分かっているけれど、私はA君が嫌い。A君の服はいつも汚れていて、不潔な感じがする。いやな気分で帰り、そのことを家で話すとママが教えてくれた。「A君のところは、お母さんが昨年病気で亡くなったのよ。お父さんはお仕事で毎日遅いから、A君が一人で料理や洗濯、弟たちの面倒をみているんですって」

私はビックリした。そしてA君を嫌っていたことなんだか申し訳ない気持ちになった。

それに住職さんから聞いたことばを思いだす。「私たちひとりのこらず仏の子。」そうだ。A君も、A君の悲しみを知らずにいた私も仏の子だ。となりの席よろしくね。

13

五月　掲示法語

子どもは　おとなにしかられる
おとなは　子どもをしかる
おとなはしかられない
おとなをしかる人は
この世の中には　いないのだろうか
おとなは毎日
正しいことばかりを
しているだろうか

菊池政義

右は、小学校五年生菊地政義君の詩です。
「子どもの日」はまた「子どもの目」に注意したいものです。
「先生、ぼく昨日すべり台から落ちました。そしたらお父ちゃんが、
ぼんやりしているからや、なんでも心いれてせんからや。
だいたいお前は、平生から行いが悪い、とものすごうおこった。
ぼくよう考えたけれど、すべり台と平生の行いというのは、
なにも関係ないと思う、ぼくどこも　ケガしなかった。
けさ、お父ちゃん、階段から落ちた。」（小学校四年生）

☆それはだめ
　みてるよちゃんと
　　ほとけさま　（王子日校三年　中山道心）

14

五月　掲示法語

多い方が
みんな良いとは
限らない
五分の一の
酸素に生かされ

西　東南北

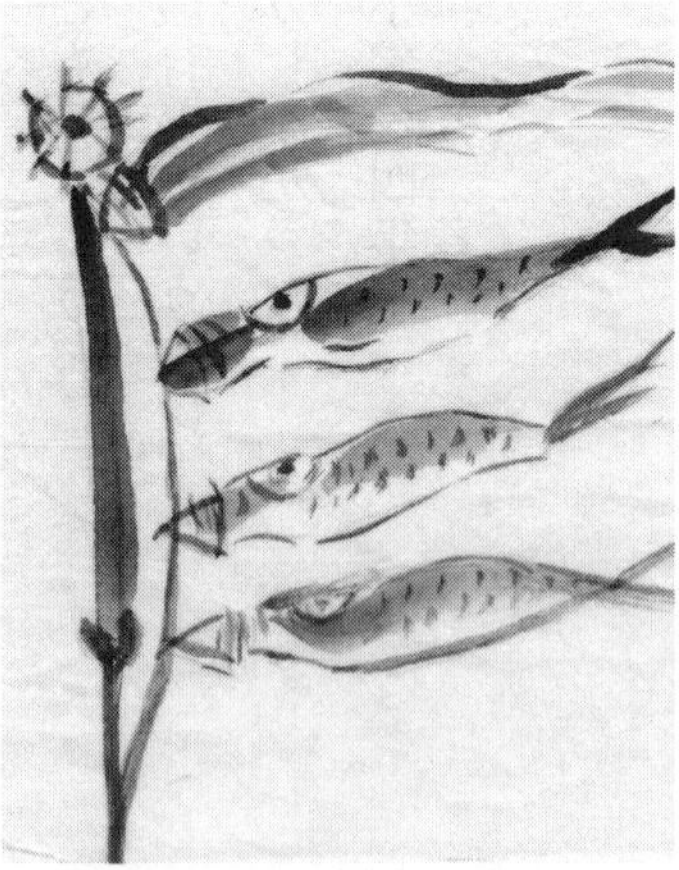

え・堤美代子

ご存知のように、空気の成分は七八パーセントが窒素で、酸素は二〇・九パーセントである。多数決でいけば窒素が勝つが、我々が生きていかれるのは、少数派の酸素のお陰だと西氏は詠っている。

ある小学校三年生のK君が、朝登校の途中、自転車で転んだ老人をみて、近くの店に行き救急車を呼んで病院に送った…そんな事情で学校に遅刻をした。担任の先生が店からの連絡で一限目のテストを二限目に繰り下げた。

午後の学級会のとき、テストが後回しになって出来が悪くなったという苦情が出て、先生の処置がよかったかどうか、多数決で決めようとなったとき、先生は、K君の立派な行いは多数決には当てはまらないと諭された。

人間社会の常識になっている多数決は万能ではない。仏法を聞こうとしない人が多い今の世相、多数だから「良い」と言えようか。

15

五月　掲示法語

はかりなき
慈悲の心を
はからひて
はからひ尽きて
はからはれゆく

島　和夫

え・堤美代子

「はからう」とはどういう心でしょうか。あるとき英訳しようとして困りました。いろいろ思案したあげく、calculate（計算する）にしましたが、どうやら当たっているようです。

我々の日常生活ではしょっちゅう計算をしています。人から物をもらうと「これ、いくらする?」おくやみ欄で知人の名をみると「お香料はいくら?」計算はお金だけではありません。「この仕事何日で仕上がるだろうか?」「あの人何を考えているのか」こういう計算が私の根性にしみついているのです。

ところが一つ計算していないことがある…一番大事な私自身の根性は計算していません。これを計算機にかけたら大変なことでしょうね。仏さまはその私の大それた根性をお見通しになったればこそ、はかりなき無限の慈悲をかけて下さっている…そこをよくよく聞き開かせていただけば、もう我が計らいは間にあいません。如来の御計らいに包まれていくばかりです。

16

六月

掲示法語

人の美しい
ところが
見える眼を
持っている人は
美しい

野田風雪

撮影・津郷勇

花の美しい頃になりました。自然の花はどれを見ても美しい、造化の妙です。しかし人間の場合はどうでしょう。容姿にも美醜がありますが、その人柄が特に気になります。ともすると、嫌な言動のみが眼につき、美点は案外見逃したり、極端な場合は、妬みの対象になったりしないでしょうか。

阿弥陀経に、浄土の池の中の蓮華は「青い色には青い光（青色青光）《以下…黄色黄光、赤色赤光、白色白光》」があると書かれているように、人もそれぞれの個性で光っているのです。唯それを見極めるのはこちらの眼。

「月影のいたらぬ里はなけれども
　　　　ながむる人の心にぞすむ」

という法然聖人の歌のように、こちらの心の池が静か（平等）であれば、真如の月は円く写ります。

念仏しながら平等心を仰ぎましょう。

17

六月　掲示法語

死んだら
天国ではなく
お浄土へ
かえるんだよ

一六歳男子の祖母

撮影・津郷勇

浄土真宗では「人は死んだら天国へ行く」とは言いません。

天国と言うのは、キリスト教です。真宗門徒であるならば、「死んだらお浄土へ帰る」が正しいのです。阿弥陀如来が本願によって建立された国を「**浄土**」といい、その本願を信じ念仏する者を（**浄土に帰らせて**）**仏に成らせてくださる**のです。（キリスト教では「神に成る」とは言いません）

終戦後日本にはキリスト教的な空気が広まり、「クリスマス」「バレンタイン」など西欧文化に迎合することが当たり前のようになりました。「天国」もその風潮にのった流行語にすぎません。こと信心に関しては毅然《きぜん》たる態度を取りましょう。わがいのちの大問題です！

18

六月

掲示法語

本当に
高いものほど
只《ただ》（不《ふ》可《か》価《か》値《ち》）
である

愚石

撮影・津郷勇

「商品に付加価値を付けて売る」などのように「付加価値」という言葉はよく聞くが、「不可価値」とは何？　初耳だ！　と言われるでしょう。

すみません、実は英単語の'invaluable'（評価できないほど極めて貴重な）を「不可価値《かちづけできない》」と試訳してみたのです。

この世に不可価値なものはいくらでもある。水や空気、野菜・米・魚・肉・石油など、一応値段はついているが、それはすべて人間の手間代。水も米も魚もそれ自体は一円ももらっていない。みな、見返り・代償を期待しない天地自然の只の・不可価値のお恵みであり、人間存在に根本的に不可欠なものばかり！　その価値たるや正に計量不可能《はかりしれない》です。

さらに人間の言葉も、経典の教えも、如来の救いも「評価できないほど貴重」であってしかも只。正に有り難き「不可価値」なのでした。

19

七月

掲示法語

現代人の宗教に関する間違いは、科学真理追究の眼をもって宗教的真実をつかもうとしていることである。これはどれほど求めても得られるものではない。次元がちがう。

湯川秀樹

え・堤美代子

現代はともすると科学ですべてが解決すると錯覚しやすいのですが、湯川秀樹博士やアインシュタイン博士など、本当に科学を窮めた大学者の鋭い洞察にご注目ください。

「知性は手段と目的との相互関係を我々に明らかにしてくれます。しかし思惟だけでは、究極的で根源的な目的感覚を我々にあたえることはできません。この根本的な目的と価値判断を明らかにし、それを個人の感情生活にしっかりと根を下ろさせることこそ人間生活であって、まさに宗教が果たすべきもっとも重要な機能だと私には思えます」（アインシュタイン）

人生は旅だといわれます。どこへ行くのか、何しに行くのか？

この人間の生まれ甲斐、いのちの行方を教えるものこそ真実の宗教なのです。

正しい教えを聞きましょう。

20

七月

掲示法語

夏たけて
堀のはちすの
花見つつ
ほとけの教え
憶う朝かな

昭和天皇 御製

え・堤美代子

この御製は昭和天皇が昭和六三年七月に皇居のお堀に咲く蓮の花をご覧になってお詠みになられたものです。翌年一月七日に崩御されましたから、病中で仏のお慈悲を偲ばれたことでしょう。

陛下は人が「この雑草」と言ったとき「雑草という草花はありませんよ。どんなに小さな草や花にも名前があるのですよ」と諭されたといいます。

雑草といわれそうな存在にも、一本一本、それぞれのいのちがある。そのいのちを全うさせようと大いなる光が注いでいる。

「われわれ群萌《ぐんもう》（むらくさ）を拯《すく》うために　真実の利・名号を与えよう」と誓われた仏の心も同じです。

今上天皇も「ほとけの教え」の広い世界にご関心があられることを念じています。

21

七月

掲示法語

仏法は
賢くなる道だと
思っていたが、
愚かさに
気づかされる道でした。

——真の聞法者

え・堤美代子

司馬《しば》遼太郎《りょうたろう》氏が中学二年のころ、国語の先生が、平家物語に出る「凡夫《ぼんぶ》」についてその意味をたずねられました。司馬さんは「つまらぬ人のことです」と答えると、先生は「その通り。だが、凡夫とはだれのことや?」司馬さんはある成績の悪いA君のことか?　と思ったが控えて「知りません」という。すると先生は「凡夫とは、つまり我々のことや」といわれたのでびっくり!「我々っていうと先生も凡夫・つまらん人ですか?」「そうや。今の君たちには無理かもしれんが、大人になったときもう一度今のことを思い出して考えてごらん。もし大人になっても分からんかったら、その人は一生不幸な人や」といわれた
…と、ある本で述懐されています。

お経に「汝《なんじ》は是《これ》凡夫なり」とあります。凡夫とは無明煩悩《むみょうぼんのう》(見えていない愚かさ)がこの身に染《し》みついている私のことでした。

22

八月　掲示法語

慈母の乳
一百八十石《こく》
とかや
愛《かな》しきことば
世に残しけり

吉野秀雄

撮影・津郷勇

新潟県三条市の正楽寺に上の歌碑があります。これは歌人吉野秀雄氏が、父母恩重経《ぶもおんじゅうきょう》に出ている同趣旨の経文に感動された歌です。氏はまた

「こときれし母がみ手とり懐《ふところ》に温《ぬく》めまゐらす子なればわれは」という歌も残しており、いかに母思いであったかが分かります。

そして今は母乳の恩です。子どもはみなこの母乳のお陰で育つのですが、その量の莫大なこと、驚きです。それに今一つ、その質も不思議です。あの白い液体のどこにどうして子の育つ栄養が満点に具《そな》わっているのでしょうか。しかも免疫力さえ入っているといいます。それに母乳は実にのみ易い。乳房を吸うだけでいい。

昔、お念仏は母乳のようだと聞きました。たった六字の南無阿弥陀仏には如来のいのちが栄養満点に入っている。衆生は親の慈愛を疑わず、ただ口に称えるだけの易《やさし》い行で、正定聚《しょうじょうじゅ》と育ち、仏に成るのです。しかし、この母乳・名号を実際に口にいただかねば、子・衆生は育たないことを確《し》かと認識すべきです。

23

八月 掲示法語

死ぬケイコ
出来ぬが残念
ぶっつけで
本番むかえる
不安ぬぐえず

今泉 光

撮影・津郷勇

死ぬことの覚悟はすでに出来てるが
初めてなので不安は残る　木村義煕

どちらも朝日歌壇の歌で、死の不安が同じように率直に詠われています。
たしかに、死といってもお悔やみ欄で見る「あの人」（三人称）の死と、
「わが肉親」（二人称）の死は経験できますが、
自分自身（一人称）の死は直接意識・体験できません。
死という現象自体も、死んでどこへ行くかも、
如来さまにおまかせするばかり。
如来の本願名号を信じ
南無阿弥陀仏と称えた者は、
必ず涅槃のさとりの境界に生まれる
とのみ教えです。南無阿弥陀仏

24

八月　掲示法語

人類は
発明しすぎ
原爆忌

立川市　松尾軍治

え・堤美代子

昨年一一月ローマ法王が長崎、広島を訪れ、
原爆阻止に必要なあらゆる措置を講じるよう訴えた。
その通りだが、惨禍の七四年後だ。
その間米ソを始め、世界の列強は核武装の競争をやめない。
二〇一七年現在九カ国が九四三五基の核兵器を保有しているという。
因《もと》は、右の句の通り。現に原爆の実験が成功したとき、
オッペンハイマーがこう告白している。
「物理学者たちは罪を知ってしまった。
そしてそれはもう、失うことのできない知識である」と。
科学**知識**は道具を作るだけ。何のため？　戦争か平和か？
その目的を決めるのは**智慧だ**。
真の宗教の叡智である。
人類の責任は重い。

25

九月 掲示法語

「阿耨多羅《あのくたら》三藐三菩提《さんみやくさんぼだい》」って呪文《じゅもん》ですか？

——中学生

撮影・津郷勇

ある法事の席で阿弥陀経をあげた時、一人の中学生が右のような質問をしてきた。
「どうして呪文かなどと聞くの？」
「あるマンガで主人公が変身するとき、いつも
『アノクタラサンミャクサンボダイ』と呪文をとなえるからです」
「ヘェ、驚いた。お経がマンガに使われているとはねぇ。
その言葉は意味のない呪文じゃない。
『阿耨多羅《あのくたら》（アヌッタラ）』は『この上ない』の意味。
『三藐三菩提《さんみやくさんぼだい》（サムミャクサムボーディ）』は『正しい覚り』ということ。
全体で『無上正覚《むじようしようがく》』となる。
要するに仏教が求める最高のさとりの境地のことだよ。
　あなたも仏を信じて念仏すれば、
阿耨多羅三藐三菩提を得られよ。」
私は心嬉しく答えた。

26

九月　掲示法語

電気を通さぬ
碍子《がいし》が
あればこそ
電気は流れる

―森　政弘

え・堤美代子

「碍子《がいし》とは、電気を通さない電気絶縁体であり、送電にはこの電気に反対する碍子が絶対に必要である。
自動車を走らせるには、走らせないブレーキが要るし、
水を通すには、水を通さない鉛やビニールの管が要る。
同じように、自説を通すには、それに反対する人（の論）が要る。
反対者・批判者は敵ではなく、自論を磨くために必要なもの。
正を活かすには、反が要る」と、
東工大名誉教授森政弘先生の名言です。

人生の生も死があるから充実するのであり、死を忘れた生は浮き草・夢幻です。
宗教も同じ。正信には疑謗が逆らうが、その疑謗に応《こた》えてこそ正信が立証されます。

さあ、愚痴（反）の中でこそお念仏（正）いたしましょう。

27

九月　掲示法語

自分にはどうしても
お慈悲が素直に
信じられません。
まだまだ自分が
不真面目だからでしょうか？

――白井成允《しげのぶ》

え・堤美代子

こう近角常観《ちかずみじようかん》先生にお尋ねすると、

先生は「真面目になって信を得よと、私が言ったことがあるか。

自分が真面目になって掴《つか》もうとする信心ならば、

そんな信心は当てにはならぬ、そんな信心何になる。

一体、君はいつ真面目になれるのか。

親鸞聖人も罪悪生死《ざいあくしようじ》・煩悩具足《ぼんのうぐそく》の凡夫《ぼんぶ》とおっしゃっているではないか。

しかも、そのような凡夫なればこそ、

救わずにはおかない本願をおたて下さったのが如来さまである。

それがわからず、自分の思いで信心をつかもうとしている限り、

いつまでたっても信心の得られるはずはない！」

ここで白井先生の信心が開発《かいほつ》。以後、懺悔《さんげ》

と念仏が絶えなくなられたということです。

28

十月　掲示法語

多忙で仏法聞く
暇がないって？
どんな大事に
多忙なのかね？

――高光大船

撮影・津郷勇

☆住職「この次の日曜日は永代経ですから、お参りくださいね」
A子「ごえんさん、その日はあかんの。会社の慰安旅行です！」
☆住職「こんどの報恩講に参ってくださいね。待っていますよ」
B雄「いやぁ、どうもありがとうございます。もう少し年がいったら考えます」
☆住職「お墓に参られたら、本堂にも入って法話をお聞きくださいね」
C介「でも親戚と来ていますので…」
◎仏法から逃げる口実はころがっている！　お経では仏法聴聞に八つの難があるといいます。
例えば　長寿の国、住み佳《よ》い国、世渡り上手で口達者な人　等など。
人間、楽しいと、つい「大事な」ことを忘れてしまうようです。
次の言葉を銘記しましょう☞
「人間に生まれたのは仏法を聞くためですぞ！」

29

十月 掲示法語

手を抜いたら
手がかかる

―長谷川富三郎

え・堤美代子

右の言葉は版画家長谷川富三郎氏（一九一〇－二〇〇四年）が、お母さんからよく言われていた教えだとのこと。氏は姫路市に生まれ、棟方志功氏と共に民芸運動を支え、明快で力強い表現の版画を残しておられます。

ある会社の社長が、この言葉に感激して、社のモットーにしてから営業成績がぐんと上がったといいます。逆に、手抜き工事で事故になり、その後始末に四苦八苦する例は、新聞で時々見る通りです。

さて、法蔵菩薩はあらゆる衆生を救おうと一大救済計画を建て、完成して「南無阿弥陀仏」（円満徳号《えんまんとくごう》）となられましたが、その本願にも修行にも〝手抜き〟は一切ありません。

安心してお念仏いたしましょう。

人生の手抜きをせずに！

30

十月　掲示法語

南無《なむ》阿弥陀仏《あみだぶつ》は
まことの言葉《ことば》
必《かなら》ず救《すく》うまかせよと
如来《にょらい》さまのお喚《よ》び声《ごえ》
仰《おお》せのままに称《とな》えましょう
南無《なむ》阿弥陀仏《あみだぶつ》
ナムアミダブツ

――大峯顕　取意

撮影・津郷勇

神聖ローマ帝国の皇帝フリードリッヒ二世（13世紀）が妙な実験をしました。「人間の言葉を教えられずに育った赤ん坊は、どういう言葉をしゃべるか？多分、人類共通の根源語であろう」という仮説のもと、捨て子の赤ん坊たちを拾ってこさせ、世話人に絶対人間の言葉を教えるな、話すなと命じた。その結果、赤ん坊たちはまったく言葉をしゃべらずじまいだったということです。

他方、ヘレン・ケラー女史は、生後1歳半で熱病にかかり、視力、聴力を失い、喋《しゃべ》ることもできない三重苦の中、いわば暗黒の世界にいましたが、家庭教師サリバン先生の機知で、ある暑い日、ヘレンが水を飲んでいるとき、片方の手に「ウオーター」と何度も指文字を書きつけます。するとヘレンは初めて、物には名前があるのだと「言葉」の存在を知りました。こうして暗黒だった世界に言葉という光が入ってきて、ヘレンの知的活動が始まり、やがては大学に進み、世界の講演者にまでなったのでした。

人間は言葉によって生きているのは確かです。「**まことの言葉**」に生かされましょう。

31

十一月　掲示法語

よく聞いた
聞いたこころが玉にきず
了解《りようげ》たのんで
弥陀をたのまず

浅原才市

え・堤美代子

浅原才市《あさはらさいち》（昭和七年八二歳歿）さんは「石見《いわみ》の才市《さいち》」と呼ばれた浄土真宗の妙好人《みようこうにん》のひとり。下駄職人をしながら仏法をよく聴聞し、聞いたよろこびをかんな屑・紙片などに書き綴ったものが七千首もある。それほどの念仏者でしたが、自画像には「角《つの》」が生えている姿を描かせています。徹底した凡夫の自覚者でした。

右の詩も聴聞の要《かなめ》を詠《うた》ったもの。

「了解《りようげ》たのむ」とは、「私は仏法をよく聞いた、分かった、覚えた、安心できた」と、知らぬ間に聞いた・学んだことを我が手柄としてそこに腰をかけてしまい、これで往生まちがいなしと思い込む（自力の）落とし穴のことです。

「往生は仏の御はからい。凡夫のはからいにあらず」という絶対他力に心底おまかせしましょう。

32

十一月　掲示法語

我々は
如来によって信じられ
如来によって敬せられ
如来によて愛せられる
かくて我らはよく
如来を信ずる
ことを得る

曾《そ》我《が》量深《りようじん》

え・堤美代子

青年Aは、何件もの強盗殺人で捕まる。そのニュースを聞いた盲目の念仏僧N師が青年との面会を申し出る。漸く囚人Aが出てくる。

N師「もっと近くへ、近くへ…」膝が触れんばかり。N師、手を伸ばしてAの顔をなで「若いのう…」と言いつつ首をなで肩をなで、突然ガバーッと抱きかかえ、耳元へ一言「あんたは如来の子だよ！」

その晩、Aは眠れない。数日後、Aは署長に申し出る。「早く裁判を…。弁護士はいらない。死刑にして下さい。但し最後に一言言わせてほしい」と。

判決後、

A「私は自分の出生《しゅっしょう》を知りません。捨て子です。学校で親無しといじめられ、後指《うしろゆび》ばかり…ひねくれ、だんだん悪事に走り、捕まった。そしてこの度、生まれて初めて抱きかかえられ、人の温《ぬく》もりを感じました！」

人を救うのは裁きではない。慈悲なのです。

33

十一月　掲示法語

ともしびを
高くかかげて
わがまへを
行く人のあり
さ夜なかの道

甲斐和里子

え・堤美代子

甲斐和里子《かいわりこ》女史（一八六八～一九六二）は広島県福山市勝願寺の学僧足利義山師の五女で、京都女子学園を創設されたお方。歌集『草かご』に名歌がいくつもあります。

・み仏の御名をとなふるわが声は
　　わが声ながら尊かりけり

・岩もあり木の根もあれど　さらさらと
　　たださらさらと　水のながるる

右頁の歌で「行く人」とはどなたのことでしょうか。お察しのとおり、親鸞聖人でしょう。

「弥陀の本願信ずべし」との灯火を声高らかにかかげて、無明《むみよう》長夜《じようや》を歩み行く我らをお導きくださっている聖人あればこそ、浄土への道は確かなのであります。

34

十二月　掲示法語

回心《えしん》

自分が可愛い
ただそれだけのことで
生きていた
それが
深い悲しみとなったとき
ちがった世界が
ひらけて来た

浅田正作

撮影・津郷勇

「そりゃ、あいつが悪い。あいつがあんなことをしたからだ…」

問題が起きるとこうして人を責めるが、自分のことは棚上げ。こういうのを仏教では「我執」といいます。「我は正しい」「我が意を通したい」「我が一番可愛い」と思う心。これが迷いの根っこ

〝無意識性自己中心症候群〟

なのです。

〝遺産分け母を受け取る人がない〟などという川柳は、まさに人間我執の現代版。まず、朝晩お仏壇にお参りしておられるのでしょうか。

ご本尊の光を仰ぎ、お念仏をとなえるとき、自己中心に生きている日常とは「ちがった世界」が感じられる、お恥ずかしい我執の自分だったと頭が下がり、さらに仏法を深く聞きひらくとき、絶大無限の大悲の世界が開けてくるのだと、浅田氏は賛歌しておられるのです。

35

十二月　掲示法語

何一つ
無駄ない
人生
南無阿弥陀

佐々木哲子（九十七歳）

撮影・津郷勇

令和元年も最後の月となりました。今上天皇の即位、吉野彰氏のノーベル化学賞決定、京都アニメ放火殺人、北九州・千葉福島の風雨災害など多くの事が起きた一年でしたが、読者各位も個人的にいろいろな事を経験されたことでしょう。思えば人生悲喜の出来事が、目に見えないところで今日の「私」のいのちに繋《つな》がっているようです。
鯖江の念仏者をさはるみ師の詩を玩味しましょう。

わたしが　わたしになるために
じんせいの　しっぱいも　ひつようでした
むだな　くしんも　ほねおり　かなしみも
すべて　ひつようでした
わたしが　わたしに　なれたいま
みんな　あなたのおかげです
おんじんたちに　てをあわせ
ありがとうございましたと　ひとりごと

をさはるみ

36

十二月　掲示法語

あの人も逝き
この人も亡くなり
遠い山のお寺の
鐘のような
かすかな余韻が
私のこころに
しみる

榎本栄一

撮影・津郷勇

喪中ハガキが届く頃となりました。
榎本さんの詩「余韻のひびき」が思い合わされます。
人間みな余韻を残して終わってゆくのでしょう。
コロナ禍に明け暮れたこの一年、国の内外を問わず、
社会的にも個人的にもいろいろなことがありました。
その「余韻」が今聞こえてくるようです。
しかし毎年同じようなことを繰り返しながら、いつの間にか
「うんともすんともいわず」時が経ち、それだけ命が縮まってきたのです。
『阿弥陀経』は「仏の説きたまひし所を聞き、歓喜し、信受して、
礼《らい》を作《な》して去りにき」と終わっています。
人生終わるときも「礼を作して」浄土に生まれさせていただきたいものです。

南無仏

二 『心のしおり』（福井新聞）への寄稿 二四篇

1 磁石の力に思う

（二〇一八年一〇月三日掲載）

現在の文化生活の中で磁石は不可欠です。航海にコンパス・方位磁針（永久磁石）、電車にモーター（電気磁石）等、枚挙に暇がありません。だから、十月一日は「磁石の日」。磁石にはN（＋）極とS（－）極があるので、十（＋）月一（－）日を磁石の記念日にしたそうです。

面白くなって「日本磁気学会」のホームページを覗《のぞ》いたら、「どうして磁石に鉄がくっつくんですか？」との問いに、答が出ています。

①鉄の原子そのものは本来磁石なのだが、その原子の向きがバラバラ（N／S）であるため、鉄全体としては磁石（N↓S）になっていない。

②そこで、外から磁石を近づけて鉄に磁界をかけると、その鉄原子の磁石が反応して一斉に磁界と同じ方向（N↓S）に磁極を向ける。その結果、鉄全体が磁石になる。

磁石に鉄がくっつくのは、磁石が発する磁力により、鉄自体が磁石になったためである。例えば鉄製のクリップに磁石を近づけると、クリップ自体が磁石となって本《もと》の磁石にくっつくのである。

③また、磁石にくっついたクリップはそれ自体が磁石になったので、他のクリップをも引き付けるようになる。

このような説明を読んだとき、ふと親鸞聖人のお言葉が思い出されました。「如来の悲願は磁石のようだ、衆生は本願の因を吸うから救われていく」（『教行信証』行巻）と。ぴったりのお譬《たと》えです。①衆生の心にはもともと仏性《ぶっしょう》（仏の因《たね》）があるが、煩悩《ぼんのう》・悩み（N）に妨げられてその因（原子）すべてが「さとり」（S）に向かっていない。②そこに如来の悲願（磁石）がはたらきかけると、衆生の仏性・原子はたちまちに「整列」して「本願の因」を吸う。つまり如来の「S」（さとり）に衆生の「N」（なやみ・まよい）が引きつけられ・救われていく（NはSに密着）。③こうして本願を信じ念仏する人（新しい磁石）が誕生すると、また新しい磁力を持ち、次の鉄（仏法の友）を引きつけていく。
まさに本願の磁力線は連続していくのだなぁ、南無、南無…と一人うれしく味わったことです。

（二〇一九年一月一六日掲載）

2　ほぉやけど

今年も『百八法句』で元旦を迎えました。一〇八のどの句にも、作者の心情、悩み、生活ぶり、そして仏法への思いがにじみ出ていて、それぞれに味わい深いものです。その中での異色は

「ほぉやけど　なんまんだぶつさまやのぉ」

という越前市K氏の方言まる出だしの一句です。「ほぉやけど」（そうだけれど）にまず唸りました。病床の奥さんの世話に関わっているK氏の心境が痛いほど感じられます。愛《いと》しい、辛い、不安…。人はいろいろにいう。「それはそうかも知れないけれど」

やはり結局は「南無阿弥陀仏さま」におまかせできることは幸せ、ありがたいのぅ、という結びにＫ氏の信心の確かさを感じ、安心したのでした。苦悩の現実が仏法の救いに転換できているからです。

今ひとつ、福井市のＳ氏もよく似た心境を詠まれています。

「伏す妻の幼児化み親の御手の中」

この世の苦しみ・悲しみはすべて、如来の大慈悲、救いのみ手の中にある。この最後のより所こそ苦の娑婆の光。やはり「ほぉやけど」「お念仏のみまこと」、これがまよいの凡夫のすくいです。

いみじくも親鸞聖人がこう仰せです。「私どもは欲・怒り・愚痴などの煩悩をそなえた迷いの凡夫であり、この世は燃えさかる家のようにたちまちに移り変わる無常の世界であるから、すべてはむなしくいつわりとなり、真実といえるものは何一つない。その中にあって、ただ念仏だけが真実なのである」と。

考えてみると、この世の中、わが人生のもろもろの事は究極みなこの「ほぉやけど」

になるのではないでしょうか。「この世は金《きん》・健《けん》・快《かい》の三K」（金銭・健康・快楽）だとうつつを抜かしている人もあり、「現代はAI（人工知能）」の時代、古い宗教など無益だと妄語する人もありましょうが、どの人もみな内実は煩悩・無常の身。これは免れられない。三K、AI…娑婆のこと、みな「ほぉやけど」…つまるところは浄土への念仏のみがまことなのです。。

「元旦や浄土の旅の一里塚」（四日市市のW氏）です。

（二〇一九年二月一三日掲載）

3　おじいちゃんへ

二月一五日はお釈迦さまがお亡くなりになり、涅槃（永遠のさとり）にお入りになった日です。ふとあるお通夜のことが思い出されます。お勤めの後、人間の無常・生《しょう》者必滅《じゃひつめつ》の法話をしたとき、「メダカのいっしょう」という小学校一年生の手紙を紹介しました。

「ぼくは、メダカをかっています。いま、ぼくとままといっしょうけんめいそだてているのですが、いっしょうぼくたちといっしょにいるわけにはいきません。いきものは、どんなしゅるいでもふしのいきものはいません。なので、どんなにやさしくしても、どんなにおうえんしても、やがてしんでしまいます。メダカたちも、もう三さいなので二ひきしんでしまいました。かなしいです。

一ねんせい たいがより おじいちゃんへ」

生き物の死を子どもなりに実感した言葉「どんなにおうえんしても死んでしまう」という無邪気な表現が、会葬者の心に響いたようです。

この手紙をもらった当の「おじいちゃん」は、実は私の友人（故人）。孫自慢も入っていたでしょうが、実に素晴らしい無常観だと感心していました。

このような「おじいちゃんへ」の手紙を、お棺の中の祖父ちゃん本人が存命中にもらっていたらどんなにか嬉しかったことでしょうが、先日のお葬式では、同じ「おじいちゃんへ」でしたが、遺影の前に供えられた寄せ書きの色紙でした。棺の中から読めたでしょうか…？

肉親に、親友に、生涯最愛の言葉をかけるのなら、いのちあるうちですね。儀礼的でなく、生きた言葉をかけてこそ、相手は心から喜ぶでしょう。

仏法を聞くのも生きているうち。『老いて聞く安らぎへの法話』も老いのいゝのちをいゝいゝ生きている中に「聞かなければ」何の値打ちもありません。生きているうちに未来が開けるのが真の仏法・念仏の一道だと再確認した手紙のご縁でした。

「思案めされやいのちのうちに　いのちおわればあとじあん」

…（六連島《むつれじま》のおかる同行）

（二〇一九年三月一三日掲載）

4　進むを知り、退くを守る

雪のない五分市本山毫摂寺の境内を散策していて、ふと「のゑ女の碑」が目に止まり、碑文を読んで感動しました。

《「のゑ」という旧丹生郡持明寺村出身の女性が、本山法主善雲上人の姫達の乳母として仕えていた。文化五（一八〇八）年一二月、雪の朝、境内で二人の姫と遊んでいたところ、傷を負った大きな猪が突如襲いかかってくる。のゑは二人の姫を後に押しやり、自らは大猪に立ち向かい、渾身の力で押しとどめる。左手で猪の耳を、右手で舌をつかみ、必死の形相で格闘する（この姿が碑に刻まれている）。村人がかけつけてようやく猪は逃げ去ったが、のゑは六箇所に傷を受け、瀕死《ひんし》の状態。ときに都和《つわ》姫六歳と三保《みほ》姫四歳。この幼いいのちを身をもって守った忠義の行いに対して当時の福井藩主松平治好公より褒賞ならびに「猪子《いのこ》」姓を賜る。のゑは傷も回復し、その後三代のご門主に仕え、晩年は念仏ひとすじ。弘化三（一八四六）年三月二日に八〇歳で亡くなる（法名は釋尼清心）。》というあらましです。

この美談を読んでひょっと「進むを知って、退くを守る」（知進守退）という曇鸞大師の言葉が浮かびました。「進んで衆生を済度《さいど》することを知り、小乗の自利主義に退かないように身を守る」という菩薩精神が元の意味なので、ぴったり一致はしませんが、向かってくる猪に勇敢に立ち向かい《進むを知り》ながら、後の姫様たちを守る《退くを守る》というのゑ女のとっさの行動には、どこかその菩薩の意気が根づいていたように感じられたのです。

今年は亥年《いどし》。「猪突猛進《ちょとつもうしん》」的に世界・日本は進展するでしょうか。多くの暗雲がかかっているようです。進学・就職・結婚…と若い世代は夢を求めて「知進」するでしょうが、人間なら病・老・死や事故・災害にも備えねばならない——「守退」も必要です。「知進・守退」ともに仏法の智慧《ちえ》に聞いていきましょう。

「思へらく釋清心もゐのし、も今は仏の御弟子ならまし」与謝野晶子《よさのあきこ》

（二〇一九年四月三日掲載）

5　ゼミール王物語

昔、ペルシャ国のゼミール王は、二〇才の若さで王位につき、全国の学者を招集して、「人類の歴史を詳しく調べ、報告せよ」と命じた。二〇年後、報告書五〇〇巻が

ラクダ一二頭に積まれて王のもとに届けられたが、王は「そんなに沢山の書を読む暇はない。もっと縮めよ」と命じる。さらに二〇年後、今度はラクダ三頭分の改訂版が王宮に運びこまれたが、「わしももう六〇歳で気力も落ちた。もっと縮めよ」との命令。学者たちはまた一〇年苦労してラクダ一頭分に短縮したものを王に提出すると、王は「もうわしはすっかり老いた。もっと減らせ」との厳命。そして五年後、一巻にまとめられたが、もう大王は臨終の床。苦しい息の下から「一口で言え」とのこと。そこで一老学者が謹んで「三つの言葉で人類の歴史を申しげます」と言上した言葉は、

『人は生まれ、人は苦しみ、人は死す』であったという。

これは、アナトール・フランスという作家の短編に載っている話だということです。人の「生・死」は当然でしょうが、「苦」が入っているところが、仏教の原点と同じだと感じました。釈尊は「人生は苦である、それは煩悩《ぼんのう》が集まっているからだ。その煩悩・苦のなくなった滅（涅槃）の世界がある。そこに到るには正しい道を歩まねばならない」という「苦《く》・集《じゅう》・滅《めつ》・道《どう》」の四つの真理（「四諦《したい》」）をお説きになりま

した。

人間だれしも苦のない人はいません。その苦は煩悩から起きるのだと言われても、欲、怒り、愚痴などの煩悩を離れることができるでしょうか。正しい道とは、端的にいえば煩悩のはたらかない道です。煩悩の身でどうして正道を歩むことができるか？真に滅―（さとり）を求める者にとってこれは大問題。釈尊以後、数多の求道者がそれぞれの道で苦労したのはそのためです。仏教といっても八万四千の法門があるという。その中で、煩悩のすたらない身であると徹底して自覚されたとき、聞こえてくる如来の喚び声に救われていかれたのが親鸞聖人でした。

四月八日は釈尊のご誕生日。人間のいのちの真の救いの道を示された大聖世尊、その道を歩まれた多くの仏道修行者たちのご苦労をしのびながら、ゼミール王の逸話「人は苦しむ」を味わい、念仏した次第です。

6　待つということ

（二〇一九年六月五日掲載）

「現代は待たなくてもよい社会。待つことができない社会になった。私たちは、意のままにならないもの、どうしようもないもの、じっとしているしかないもの、そういうものへの感受性をなくし始めた」という鷲田清一氏の言葉に出遇って、なるほどと思いました。

たしかに今は便利な時代。便利ということは「速い」に通じます。たとえば台所の「チン」。何秒かで食べ物が温まる。鉄道などの交通機関も時刻表どおりに動く。それに合わせれば待たなくてよい。だが、何かの原因で遅れて待たされると、もういらいらします。

先月の一〇連休中、郵便業務、役所関係、いろんな用事が「待たされ」本当に不便なことでした。まさに「待つことができない」社会・個人になっています。

しかしそれは目先の用件のこと。娑婆《しゃば》表面の案件のことでしょう。その娑婆をどう生きるかという人生の根本問題は、そのような短時間には解決できない。先哲の教えを聞き、深く思い、熟慮しなければならないのではないでしょうか。

そういえば思い出す和讃があります。「金剛堅固《こんごうけんご》の信心の　さだまるときをまちえてぞ　弥陀《みだ》の心光摂護《しんこうしょうご》して　ながく生死《しょうじ》をへだてける」（如来は、私たちが如来のお慈悲を聞いて、堅《かた》く変わらない信心が定まる時を待ちに待たれ、ようやく定まったその時から、私たちを光の中に摂《おさ》めとり護って、もう迷わないさとりの境地に至らせてくださる）。仏さまは、私たちの人生問題の根本解決・目覚めを、遠い昔から「待って」おいでになると言うのです。「目覚め、助かってくれよ」と私たちに願いをかけ、願い続けておられるのが仏さま。その願いが私たちの心に至りとどく時を、果てしない過去から待ち続けておられるという。何と私は仏さまに「待たれている」身であったとは！

いみじくも、六月一〇日は「時の記念日」。お味わいください。

6＋

中外日報に寄稿

「令和合」―仏典にあり！

（二〇一九年六月一九日掲載）

真宗出雲路派了慶寺住職　藤枝宏壽

新元号「令和」が祝賀ムードの中に定着した頃、ふと重宝している大正新脩大蔵経を調べてみて驚いた。「令和」という文字列が一五九回も出て来るではないか。しかもその中の九二回は「令和合」（和合せしむ・和合させる）であった。

例えば、大蔵経最初の『長阿含経《じょうあごんぎょう》』には「お釈迦さまは両舌（二枚舌）を忌避され、諍訟《そうしょう》（争いごと）があれば、よく令和合（仲よく）させられる。和合ができれば、その歓喜はいや増す」（取意）と出ている。また『華厳経《けごんぎょう》』にも同じように「あらゆる諍訟において、関係者みなを令和合（仲よく）させれば、無上の浄《きよ》らかな喜びを得る」（同）と説かれている。

「和合」は当事者同士の「我が思い」にとらわれた自己主張からは実現しない。そここには異論を和合に導く高い理念が必要。その「導き」の意味が「令」の字であろう。（単なる「命令」ではない。）たとえば聖徳太子が十七条憲法第一条に「和をもつて貴しとなす。忤《さか》ふることなきを宗《むね》となす」と基本理念を示され、それには「篤《あつ》く三宝を敬う」（第二条）ことが当然だ。三宝（仏・法・僧）に帰《よ》らねば枉《まが》れる（我執にとらわれたよこしまな心）を直《ただ》すことができないからであると、その実践道を明らかにされた。すなわち、三宝に帰依するとは「（彼も我も）ともにこれ凡夫《ただひと》（凡人）ならくのみ」（第十条：相手も私も、人間みなともに、如来の前では凡夫にすぎない）という人間迷妄の原点に立つことであるからだ。「迷妄」から「開悟」を願い求める仏教の精神に基づいて制定された十七条憲法こそ、「和合」への基盤であった。因みに、多くの経に「令和合」と説かれているのも、迷いから悟りへの方向性・願いから現れた必然的文言であろう。

「令和」の考案者といわれる中西進氏が、記者会見で、「和」について聖徳太子の「以和爲貴」に思いを馳せたといわれたことも、宜《むべ》なるかなと思う。

令和の時代、国際的にも、国内的にも「諍訟」（紛争）は絶えないのではなかろうか－ここは娑婆・迷界だから。願わくは「令和合」の仏意が顕現し、世の中が「歓喜」「浄喜」で包まれていくように、「世の中安穏なれ、仏法ひろまれ」との親鸞聖人の願いが響流していくように、衷心より念ずるばかりである。

（福井県越前市）

7　バッジに学ぶ

（二〇一九年九月一八日掲載）

“Wake UP!”「目覚めよう！」というのが、先般、ケネス・田中先生からいただいた英語仏教バッジの一つに書かれている言葉です。これは、アメリカ仏教伝道協会で作られたもので一六種あります。たかが二文字の英語ですが、意味深長。「目覚める」とはどういうことでしょうか。

日本では昔から子どもでも知っていた「いろは歌」（いろはにほへどちりぬるをわがよたれぞつねならむ。うゐのおくやまけふこえて、あさきゆめみじゑひもせず）の

「浅き夢見じ」に当たります。人生は無常（色よく匂う花も散る）とは知りながら、その生《しょう》じては滅《めつ》し、変化していく「有為《うゐ》の奥山」に迷いこんで、酔生夢死《すいせいむし》の日暮をしてはいないか。真のさとり（寂滅《じゃくめつ》）の世界に目覚めよ、というのが、この仏道歌の主旨です。

次のバッジ“Does it really matter?”（それは、本当に大事なことなの？）が、「浅い夢」の実態をつく。村上志染《しじみ》の詩「方《ほう》一尺の天地　水馬《みずすまし》しきりに円を描ける　汝《なんじ》いずこより来たり　いずこへ旅せんとするや？　ヘイ、忙しうおましてな！」の風刺が効く。「これこそ大事だ」「何としてもやらねばならん」と走り回っている。「今、走るのに忙しいんだ。いのちがどこから来たかとか、どこへ行くかとか、そんなことに構っている暇などあるものか！」とうそぶく水馬。いや、それは人間のこと！だから無量寿経には「世間の人々はまことには浅はかであって、みな急がなくてもよいことを争いあっておる」と誡めています。のぼせているときほど、一度このバッジを見直すべきでしょう。

“Bothered by G.A.S.?”（※三毒《さんどく》に惑《まど》わされてはいませんか？）【※三毒＝貪欲《とんよく》 Greed（G）、瞋恚《しんに》 Anger（A）、愚痴《ぐち》 Stupidity（S）】。のぼせているとき、行き詰まったときは、ガス（GAS）抜きしたらどうですか？　ガス抜きとは、煩悩の私だったと気づくお念仏です。「ほぉやけど、ナンマンダブツさまやのぉ」に立ち返ること。その原点が、次のバッジです。

“Wisdom and Compassion”（智慧と慈悲）これが阿弥陀仏の本質。「如来の大悲」であり、「智慧の念仏」でこそ我々は救われていくのでした。

今回は、小さいバッジから大きなことを学ばせていただきました。

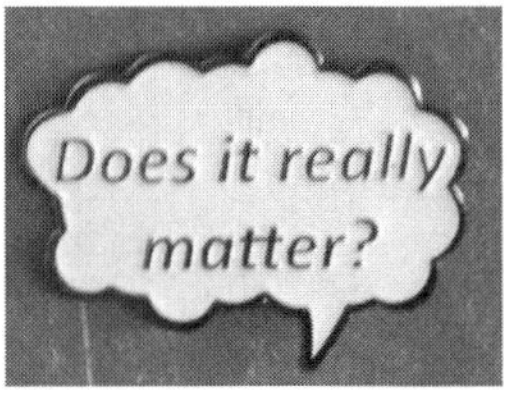

8　ニュートリノと浄土の光

（二〇一九年一一月六日掲載）

今秋、吉野彰氏がノーベル化学賞を受賞され、国中が湧きましたが、関連して思うのは、二〇〇二年に小柴昌俊氏が「ニュートリノの観測成功」で、二〇一五年に梶田隆章氏が「ニュートリノの振動発見」で、ともにノーベル物理学賞を受けられたことです。

「ニュートリノ」なんて素人には分かりませんが、ネットなどで拾い読みすると、次の特徴があるようです。ニュートリノとは①素粒子《そりゅうし》（物質を作っている基礎となる極めて細かい粒子）で、見えない。②宇宙に満ちている。③物にぶつからずに、身の回りを光速で飛び交っており、私達の体を一秒間に数百兆個も突き抜けていく。④まれに物質と反応する（光る）ことがある。スーパーカミオカンデ（岐阜県飛騨市神岡町に在る実験装置）では、大きな水槽でそのニュートリノをとらえようとしている、など。

おや、それでは浄土の光・仏の光と同じではないか？と連想しました。普通は「見えない」「感じられない」仏の光など、どこにある？ 信じられない！ などと思うかもしれませんが、現にニュートリノは、①のように見えないだけで、③のごとく「今、我々の身体を突き通している」。②で言われているとおり、宇宙にも、この身にも満ち満ちているように、浄土からの光は「尽十方無碍光如来《じんじつぽうむげこうにょらい》」（十方を尽くして満ちみち、碍《さわり》無く照らしてくださっている光）なのです。我々の煩悩《ぼんのう》（まよいの心）を障害とせず、仏・さとりの光はいつも我々の心身に満ち満ちていてくださるのです。

「ええな宇宙虚空《こくう》がみなほとけ」（浅原才市）、「見えないけれど あるんだよ」（金子みすゞ）との詩のとおりです。

しかも、④のニュートリノが時々「光る」ように、見えない浄土の光が、私たちの心に届いて、「あゝもったいない、ナンマンダブツ」と口に出てくださるのが「光る」ときではないでしょうか。

正に「お念仏は浄土の光」なのだと味わっています。

9　はんぶんこのはんぶんこ

（二〇二〇年四月一五日掲載）

拙寺の王子日曜学校は三月十五日で開校以来満五〇年になりました。その記念として「はんぶんこのはんぶんこ」という童話寸劇を子どもたちが演じ録画しました。大きなクリの木にたくさんの実がなった、クマがうんと拾って帰るが、余り多いので半分をサルに、サルはまた半分をタヌキに、タヌキはリスに、リスはノネズミに、ノネズミはお地蔵さんに、それぞれ半分づつあげ、全員で「みんながよろこぶはんぶんこ」と歌う、という筋書きです。

この童話は橋谷桂子先生の受賞作品で、審査員無着成恭《むちゃくせいきょう》先生から「小さい子どもが読んで楽しいストーリー。皆が思いやりのある優しい心でいて欲しいものです」との言葉をいただかれたそうです。無着先生は禅宗の僧侶だったので、仏教で大切にする「慈悲喜捨《じひきしや》」（四無量心）という利他《りた》のこころを「思いやり」と表現されたのでしょう。

①慈《じ》無量心。衆生に楽を与えること。「人に親切に」から始まり「衆生が安楽なれば我も安楽」という仏の大慈は最高です。②悲《ひ》無量心。衆生の苦を除くこと。「人生は苦なり」の現実の中で、医療、介護、心のケア、カウンセラーなど有難いことですが、先ずは身近な人の苦しみ、悲しみを聞いてあげること。「いたかとも言わん！」などはもっての他。念仏は「苦悩を除く法」なりの実践が大事です。③喜《き》無量心。他者の楽を見て喜ぶこと。「人間はねぇ　自分よりも人のほうがよくなると　おもしろくねんだなぁ　人間のわたし」（相田みつを）。自己中心的な卑屈な心を恥じ、乗り超えましょう。「よかったよかったはんぶんこ」の心です。④捨《しゃ》無量心。他者に対して愛憎親恨《あいぞうしんこん》の心がなく平等に利すること。「平等施一切《びょうどうせいっさい》」です。

「喜びは分かち合うことによって倍になり、悲しみは分かち合うことによって半分になる」（スエーデンのことわざ）とも聞きました。

「はんぶんこ」余韻永久にと願うのみ　愚石

10　バカ母ちゃん

（二〇二〇年五月一三日掲載）

ある町の小学生作文コンクールで小学五年生が最優秀賞をもらいました。その発表風景です。やや長いのですが、素晴らしいので引用します。

〝私のカアちゃん、バカ母ちゃん！（爆笑）私のカアちゃんはバカです。（また爆笑）野菜の煮物をしながら、洗濯物を干しに庭にでたら、煮物が吹きこぼれ、父ちゃんから『オイ、バカ。煮物が溢《あふ》れているぞ！』と言われて、慌てて、洗濯物を竿ごと放り出して台所へ駆けこみました。洗濯物は泥だらけです。（爆笑）『バカだなあ』と言われて、『ごめんね、父ちゃん、カンベンね』とおどける母ちゃんです。

しかし、母ちゃんを叱《しか》るその父ちゃんも実はバカ父ちゃんなのです。（中略）そういうバカ母ちゃんとバカ父ちゃんの間に生まれた私が、利口なはずはありません。（大爆笑）弟もバカです。（笑い）家中みんなバカです。

しかし…（場内シーン）私は大きくなったら、私のバカ母ちゃんのような女性になって、私のバカ父ちゃんのような人と結婚し、私と弟のようなバカ姉弟を産んで、家中みんなでアハハァハと明るく笑って暮したいと思います。私の大好きなバカ母ちゃん！！（一同、涙、涙、涙）〟（平井信義著『子どもを叱る前に読む本』（ＰＨＰ文庫）

何と明るい家庭でしょう。その明るさはどこから来るのでしょう？　家族皆が、自分は「バカ」だと自覚しているからです。普通は、「自分はバカではない、賢いんだぞ」と突っ張る。その自我意識が、争い・不和の元です。「あぁ、私は我を張っていた、愚かだったなぁ」と気付き、頭を下げる、いや頭が下がるところに大いなるもののお照らしがあるのです。

「愚痴《ぐち》の法然房《ほうねんぼう》」「愚禿親鸞《ぐとくしんらん》」「愚《ぐ》の中の極愚《ごくぐ》、狂《きょう》の中の極狂《ごくきょう》、塵禿《じんとく》の有情《うじょう》、底下《ていげ》の最澄《さいちょう》」―どの名師の「愚」にも、仏光のお照らしがうかがわれます。「バカ母ちゃん」の家庭にもそういう光が漂うているのでしょう。

11　怒りの解消法

（二〇二〇年六月一七日掲載）

二〇〇一（平成一三）年ごろ、あるラジオでアンケートがありました。「あなたは腹がたったとき、どのようにその怒りを解消していますか？」すると六つほど回答がありました。①大きな柱をゲンコツで叩く・蹴る　②紙を引き裂く　③空に向かってどなる　④がむしゃらに食べる　⑤がむしゃらにショッピングする　⑥趣味に埋没する――など。

これは面白いテーマだと思って調べると、ジェファーソン（アメリカの政治家）は、「腹が立ったら一〇まで数えよ。うんと腹が立ったら一〇〇まで数えよ」と言っています。

思い出すのは、石見《いわみ》の念仏者善太郎の話。真夏の暑いある日、一日中、山仕事をして疲れ果て、汗だくで家に帰ってみると、行水の湯も沸いておらず、夕食のしたくもできていない。そこへひょいと戻ってきた奥さんを怒鳴りちらし、かっとなって手元にあった割木を振り上げ、奥さんを打ちすえようと追いかけ始める。今まさに割木を打ち下ろそうとしたとき、善太郎さんに、如来の呼び声が聞こえた。善太郎さんは泥足のまま仏壇の前に行き、割木を供えて、「ああ、悪太がでました。善太の地金がでました。ナンマンダブ、ナンマンダブ」と泣きながらお念仏を称えたといいます。

いつかご紹介した英語仏教バッジに、"Could I be wrong?"(ひょっとしたら私間違っているかも?)というのがあります。人と対立したとき、この問いかけが自分の心の中に出てきたらしめたもの。喧嘩の元は「我は正しい」という思い込みです。そこに「いや、待てよ」と自らを振りかえる切っかけがあるかどうか、これが問題。その一瞬の光が平生から称えている念仏ではないでしょうか。いつも称えているから、腹立ったときでも念仏、仏さまが出てくださるのです。平生から教えのインプットがなければ、危機のときのアウトプットは望めないのです。

12　いのちのつながり

（二〇二〇年七月一五日掲載）

「いのちはねつながりあっているんだよ」。以前仲間の住職や坊守らと作成した『ほとけの子カルタ』にこのような札があります。うちのお寺の日曜学校に通う子どもたちにカルタをさせた後、こう呼びかけました。

「今日はいのちのつながりを三代前までさかのぼって調べようね。父と母で二人、祖父母が四人。では曾祖父母は何人？　そうだ八人だね。全部で一四人。その一四人を枠にして、線でつないだ系図がここにあります。枠の中に名前を書いてみなさい。宿題にするから、分からないところは家で相談してね。全部書けるかな？」

そこで、先ず私自身が書き始めましたが、祖母の名前で行き詰まる。父が一〇歳のとき亡くなっていたのです。曾祖父母になるとそらで書けたのは三人だけ！　さあ大変。一四人の先祖の氏名を埋めるのに一苦労です。

出題者にしてこのありさまです。じゃ生徒は？　全部書いて持ってきたのは一名だけでした。「先生、大変だったよ」と言って。

私一人のいのちが生まれるのに三代前までで一四人のいのちが必要でした。一〇代前なら二〇四六人、三〇代前にさかのぼると何と二一億人を超える。その中のどれ一つのいのちが欠けていても、今日の私は居ないのです。何と想像を絶する強靭《きょうじん》ないのちのつながりでしょう。

子どもたちもよく分かったようです。私たちはその「つながり」を忘れて、自分一人で生きているように思ってはいけない。近い先祖でも名前くらいちゃんと知っておこうね、と言いました。

しかも、こういう「つながり」は「血のつながり」だけではありません。人間の衣・食・住、どれをとっても国内外のいろんな人や物・自然と、深く、細かく、広くつながっている。日曜学校では「食べ物がテーブルに来るまで」など、テーマを決めて自分たちとのつながりを図に書き出す「つながりマップ」を作り、学びました。

皆さんにとっても、七月新盆のころは「いのちのつながりマップ」を顧みる好機かも知れません。

13　六〇〇万パーツ

（二〇二〇年八月一二日掲載）

〝上を向いて歩こう　涙がこぼれないように　思い出す春の日　一人ぽっちのよる〟と笑顔で歌った坂本九ちゃんを含む五二〇人が突然巻き込まれた日本航空一二三便の墜落事故。この事故が起きたのが今から三五年前の八月一二日でした。先日来、その事故の全貌を再度ネットで見ていて、涙を禁じ得ません。機長と副操縦士との緊迫した会話記録、客室乗務員の緊急処置案内、そして奇跡的な四人の生存者の声…。

午後六時二四分、相模湾上空通過中、垂直尾翼と補助動力装置が脱落し、操縦不能のままフラフラ飛行。遂に六時五六分、群馬県の御巣鷹山の尾根に墜落。その間三二分！　乗客たちの胸の内は？

「パパは本当に残念だ。もうきっと助かるまい。飛行機はまわりながら急降下中だ。

つよし、本当に今までは幸せな人生だったと感謝している」と河口博次氏は手帳に「まことの言葉」を走り書きした。

それにしても、何が事故の原因だったのか。記録では、その事故機は八年前に伊丹空港で尻もち事故を起こしており、機の後部の圧力隔壁を修理した時に犯したミスが原因であったとボーイング社が認めている。

昨年九月、北海道から帰りの空路、ちょうど主翼が見える席でした。何百人もの命、荷物を支えて空に浮かび、超高速のジェットエンジンで空を飛ぶのは、主翼のはたらきあればこそだなと思いながら、フトこういうジャンボ機にはどれだけの部品があるのかと疑問が湧き、家で調べてビックリ仰天。上記ボーイング七四七型機の部品は何と六〇〇万個！（その半数は連結部）だという。

部品だけではだめ、それを繋ぎ、組み立てる何万、何十万の手数・工程がこれまた精巧でなければならぬ。製品検査、試験飛行等と、安心して乗られるジャンボジェット機になるには想像を絶する管理工程が求められます。六〇〇万パーツに一つのミスもなく〝幸せは　空の上に〟と歌い、願い、念仏するばかりであります。

（二〇二〇年九月一六日掲載）

14　もっと光を

「もっと光を！」これは、ドイツの一大詩人・作家ゲーテ（一七四九〜一八三二）が臨終の場で語った言葉だと言われています。それは詩的・哲学的な意味だとも解釈されやすいのだが実は、「部屋が暗い。鎧戸をあけてもっと明るくしてほしい」と息子の妻に言った言葉だったということです。八二歳で今命終わろうとするとき、だんだん目が暗くなってきたということでしょうか。

視覚と聴覚、どちらも人間にとって大切な感覚ですが、視覚は生まれてすぐには働かない。ある研究によると、赤ちゃんの視力は、生後一か月までは光がわかる程度、二か月で〇．〇一、四か月で〇．〇三、八か月になると〇．一に発達し、両目で立体視できるのは六歳頃だという。そして死期になると人間の視力は先に落ちるとのことです。

それに反して聴力は、ある小児医によると、胎生二〇週には内耳が発生しており、羊水の中で母親の子宮血流音、腸管雑音、心拍音などを認知しているという。人が臨終の際、最後まで残る感覚も聴覚だとのことです。だから、臨終だというとき、枕元でめったなことを口にすべきではない。「ご臨終には、リンを打ちなさい」ともいいます。「往生安楽国《おうじょうあんらくこく》」の音を聞かせてあげるということでしょうか。一意あるでしょう。

思えば、仏さまは、五感の中でも一番強力な「耳・聴覚」に訴える「すくい」を選ばれました。「ナムアミダブツ」は誰にも聞こえます。「あなたを根っこから救う光といのちきわみない仏がきているよ」との喚びかけです。視覚による文字の「名号」より先に、「名の声」として仏さまははたらいておられるのです。

この仏さまのお喚び声を、その意義を、元気なときから「聞かせて」もらうことが肝要。ともすれば暗くなる娑婆・人生であればこそ「もっと光を！」いただくべきでしょう。ゲーテの示唆に学ばせていただきました。

(二〇二〇年一一月一一日掲載)

15　マシュマロテスト

マシュマロテストという面白い実験がありました。アメリカのある大学で四歳の幼稚園児一八六人を対象にした実験です。一人ずつ一室にいれ、目のまえにおいしそうなマシュマロを一ヶ、お皿に載せておく。そして実験者が「今から一五分間私は用事があって出ていくから、その間にこのマシュマロを食べてもよいけれど、もし食べないで待っていたら、もう一箇もってきてあげる。私がいない間に食べたら、二個目はないよ」と言って出ていく。すると、子どもは食べたい欲望と、待とうとする気持とのジレンマに陥り、もじもじ、そわそわ、いらいら、きょろきょろ、いろんなしぐさをする。それを隠しカメラで録画する。その結果、食べないで待つことができた、つまり自制力・ＥＱ（情動の知能指数）の高かったのは約三分の一、あと三分の二は我慢できずに食べてしまった、欲望を抑えられなかった―EQは低かったということです。

ところが、さすがアメリカの大々的な実験。それから一六年後に、同じ実験グループについて追跡調査をしたら、EQの高かった三分の一の青年は、大学進学適正検査も高いし、社会性がきわめて高かったという結果が出たというのです。

大変参考になる実験ですね。単に頭がいい・IQ（知能指数）が高いだけでは社会人としては大成しない。自分の情動をうまく抑制できる人でないと職場でもうまくやっていけないというのです。

考えてみると、これは知・情・意という人間の心のはたらきの中で知（知能・知識・知性）ばかり磨こうとしても、情（感情・情緒・情動）と、意（意志・意欲・我意）のコントロールができる能力がないと、まともな人間にはなれない。仏教でいう煩悩は、まずその情と意に関わるようです。

「ぼんのうよー　わたしが　わるいのだ　ぼんのうは　わたしの　いうまま　ぼん

のうは　わたしの　おもうまま　ぼんのうよー　わたしが　わるいのだ」という木村無相翁の詩が思いだされます。

（二〇二〇年一二月一六日掲載）

16　感謝の反対語

八月一〇日高校野球交流試合の開会式の挨拶で、八田英二会長がこう言われた。〝みなさん「感謝」の反対語は何だと思いますか？〟（一瞬沈黙）〝それは「当たり前」です〟…さすが元同志社大学総長の言葉だと一同感銘を受けた、という趣旨のブログを読んでなるほどと思いました。

「感謝」とは「ありがとう」ということ。今回、コロナ問題でとても高校野球大会はできないのに、こうして交流試合ができるとは、「ありがたいことです・当たり前ではないのです」と言われたのでしょう。

気付いてみれば、「ありがたい」ことを「当たり前」にしていることが多いのではないでしょうか。

思い出すのは骨肉腫で脚を切断し早逝した富山県の医師・井村和清氏の詩（『飛鳥へ、そしてまだ見ぬ子へ』）です。

「あたりまえ」　あたりまえ　こんなすばらしいことを　みんなはなぜ　よろこばないのでしょう　あたりまえであることを　お父さんがいる　お母さんがいる　手が二本あって　足が二本ある　行きたいところへ　自分で歩いてゆける　手をのばせばなんでもとれる　音がきこえて　声がでる　こんなしあわせなことが　あるでしょうか　しかし　だれもそれをよろこばない　あたりまえだと笑ってすます（中略）みんなあたりまえのこと　こんなすばらしいことを　みんなは決してよろこばない　そのありがたさを知っているのは　それを失くした人たちだけ　なぜでしょう　あたりまえ

仏教では「人身受けがたし　今すでに受く」といいます。人間のいのちを今すでに受けて、人間として生きていること、否、生かされていることは、当たり前ではないのでした。このいのちはどこから来たか？　このいのちはどのような仕組みで動いているのか？　このいのちは何によって支えられているのか？　…などと問いもせず、いのちあるのが当たり前としてしまうことへの警句です。

今、「Go To…」が話題ですが、私は「いのちの行方」こそ緊急の課題。「Go To Ojodo」（お浄土）こそ一大事だと思っています。

当たり前でなかったこの一年に「ありがとうございました」と感謝するばかりです。

（二〇二一年一月二七日掲載）

17　大いなる願い

「一富士・二鷹・三茄子」は、新年の初夢として『ことわざ辞典』（学研）にも載っています。「富士《ふじ》」は「無事《ぶじ》」、「鷹《たか》」は「高《たか》」、「茄子《なすび》」は「成《な》す」に通じる…「一家みな無事で、高い望みを成すことができる」という語呂合わせにもなり、縁起のよい言葉になっているようです。

初詣にはこのような願いが叶いますようにと祈る人が多いことでしょう。昨年はコロナ禍の一年でしたが、やはり「災いを除き福を招き」たいという願いは止まなかったのでしょう、年末から〝早詣《はやもうで》〟した人もいたとか聞きました。みなこの世・俗世の願い達成に奔走している姿です。

ところがこういう句があります。

のどかなり願いなき身の初詣　　百才　遊亀

小倉遊亀《おぐらゆき》氏（一八九五―二〇〇〇）は八五歳で文化勲章を受章された高名な女性画家。平成一二年に一〇五歳の長寿を全うされました。「願いなき身」とは、いわゆる俗世の願いはもはやないという心境でしょう。「老いて輝く。六〇代までは修業。七〇代でデビュー。一〇〇歳で現役」と、一生画道に打ちこまれ、晩年に大成された画聖でした。ちなみに遊亀女史は禅僧と結婚しておられ、仏縁も深いお方。「何ももたぬという人でも、天地の恩は頂いている」（『小倉遊亀　天地の恵みを生きる　百四歳の介護日誌』所載）との述懐通りです。

先の小倉氏の句を読んだ愚生は、俗世を超え包む無量寿の大いなる願いを感じました。光と寿《いのち》きわみなきアミダ仏は、俗世の願いに浅い夢を見て眠っている私たちに、「真実に目覚めよ」と光を注ぎ、「永久のいのちに生きる身となれ」と「大いなる願い」をかけておられるのです。

この一年、何が起きようとも、大いなる願いに包まれているこの身であることを忘れず、喜びの念仏の中に生かされていきたいものです。

（二〇二一年三月一七日掲載）

18　五珠を下ろす

もう旧聞になりますが、了慶寺が募った「除夜の鐘・百八法句」を発表したとき、小生も一句を作りました。

「ここは娑婆《しゃば》五珠《ごだま》おろしてただ念仏《ねぶつ》」　すると、「五珠おろして」の意味が分からないとの声が聞こえ、しまった！　時代錯誤だったかといったんしょげる。しかし、私は幼少期に「そんなことは当たりまえだ。初めから五珠を下ろしてかかれ」というような言葉を大人からよく言われていたのは確かだ。ご存知の方はないかと、あちこち尋ねたが、「聞いたようだが」程度の反応しかなく、はっきりしません。では昔やったソロバンを思い出し、納得いく説明を考えてみようと、チャレンジしてみました。

私の解釈です。普通「ご破算で願いましては」では五珠はみな上に上がっていて、そこから計算が始まる（思考を始める出発点は《心を無にして》に相当する。）ところがその計算の始めから五珠を下ろしておくとは、五なり五〇なりの値がすでにあるものとして、後の計算をすること。（思考法で言えば、思考の前提条件として、ある重要な事柄は動かぬ事実として肚《はら》に据えおき、そこから考えてゆけば正しい結論に至るという主旨。）そういう意味で「五珠を下ろせ」が一種の慣用句のように、私の周り（越前市あたり）では使われていたのではないかと思います。読者各位に「五珠をおろす」という慣用句の思い出はないでしょうか。珠算史研究会にも調べてもらっています。

ともかくも、娑婆《しゃば》とはサンスクリット語ではサハー〈堪忍土《かんにんど》＝苦に耐え忍ぶべき所の意味〉です。阿弥陀経には、娑婆には五つの濁りが説かれている。時代の濁り（天災・疫病・戦争）、思想の濁り（〇〇主義、差別等）、煩悩の濁り（欲・怒・愚痴）、衆生の濁り（人倫・道徳の乱れ）、命の濁り（人為的生命操作等）の五濁《ごじょく》です。

「ここは娑婆、天国ではない。そういう娑婆だから、どんどん変わるぞ、何が起きるか分からないぞ、何が起きても驚くな！」と、叔父からよく言われました。

念仏の光に遇《あ》って、まずこの事実にしっかり目を開き、光に導かれ包まれて苦難の娑婆を乗り越えていきましょう。それが拙句の意味でした。

19 「みんなちがってみんないい」のはなぜ？

（二〇二一年四月七日掲載）

四月は入園、入学、入社など新しい人間関係が始まるころ、人と比べて劣等感をもったり、逆に優越感をもったりしがちです。そのようなとき、金子みすゞの童謡詩「わたしと小鳥とすず」（みんなちがってみんないい）がよく引用されるようです。

「私が両手をひろげても、お空はちっとも飛べないが、飛べる小鳥は私のように、地面を速く走れない。／私がからだをゆすっても、きれいな音は出ないけど、あの鳴る鈴は私のように、たくさんな唄は知らないよ。／鈴と、小鳥と、それから私、みんなちがって、みんないい。」

みすゞさんは、飛べるが走れない小鳥、美しい音を出すが唄は知らない鈴、そして、飛べないが早く走れ、体で音は出せないが多くの唄を知っている私、その長所と短所をそれぞれに認めて「みんなちがって」とうたい、異なる個性のあるままがすばらしい―「みんないい」と結論しています。しかし、違っていることがなぜ「みんないい」のでしょう？

みすゞさんはその理由に直接ふれていません。しかし、詩全体から「いつも遊んでいる私の友達どうし」という共通基盤に立っていることは明らかです。個性尊重だけでは、わがままになり、他との協調ができないのではないかという辛辣な論評もあります。しかし、みすゞさんの遊びの世界の中で自然に醸成されている仲間意識の詩情は無視できません。その友愛の心を育んだのは、平素仏さまにお参りしていた仏縁だったのでしょう。

阿弥陀経の中に「浄土の蓮池には色とりどりの大きなハスが咲き、青い色には青い光、黄の色には黄の光がある…」という経文があり、その解説に「みんなちがって」の詩がよく引用されています。しかし、青いハスは自ら青い光を放つのでしょうか？光明土といわれる浄土全体が光に包まれているから、青いハスは青く光ってみえるのでしょう。

〝青色青光《しょうしきしょうこう》・黄色黄光《おうしきおうこう》、すべて仏の光うけ。みんなちがってみんないい、みんな仏の子だからね〟と独り味わっています。大いなるものの光にあえばこそ個性は光る。全てを救う慈光の中にいればこそ個性は光り輝くのです。

20　もたもたしながら

(二〇二一年六月三〇日掲載)

一九五三年ごろ、K大学の英文学者N教授が、ある日英文学の講義の時間になっても姿が見えない。学生らは、待ちあぐねる。三〇～四〇分ほども経ったころ教壇に上がって来られた先生、「あ、今日はちょっと遅れましたね」とのご挨拶。四〇分がちょっとですか！　と内心呆れたが、実はこのN先生は温厚で大らかな、シェークスピアの大学者でした。

今でも忘れられない講義の一言があります。「英国人はマッドルスルー(muddle through)という言葉を好みます。〝(もたもたしながらも)一応目的を達成する、どうにか切り抜ける〟という意味で、これが英国民の根性を示す言葉なのです」と。

先生の講義遅刻にも通じる話しだなぁと思ったり、英国のEU離脱問題の「もたもた」ぶりにも表れている言葉だなぁと、独り合点していたとき、ふと、「マッドルスルー」

は我々凡夫の姿ではないかと気づきました。

「マッドル」（ごたごた、混乱）は「マッド」（泥）からの派生語。「泥凡夫」という言葉があるように、凡夫・私の生き様は泥まみれのようなごたごたばかりです。泥まみれの手が体の泥を拭うことはできません。いつも、「煩悩（欲・怒り・愚痴）」の泥にまみれている。そしていつか泥まみれのまま終わっていく。「スルー」には「通っていく、終わる」の意味があるのでした。

きれいなハスの花は泥の中でこそ咲くのです。凡夫には、泥・煩悩の中で出るお念仏の花こそ尊く、喜ばれます。その喜びの中、もたもたしながらも泥の一生を終わらせていただき、今度は永久のいのちの世界に帰らせていただける。まさに「マッドルスルー（muddle through）」ではないでしょうか。

21　業なこっちゃ

（二〇二一年七月二一日掲載）

「また二日酔いかいの、業《ごう》なこっちゃ」などと昔聞いた覚えがあります。「業なこっちゃ」とは、「悪いクセは治らない。繰り返し苦しむとは何と愚かなことよ」という方言でしょう。本来「業《ごう》」（原語カルマン）とは「造作《ぞうさ》・行為・行動」の意味で、善い業はそれが因《もと》となってよい結果を生み、悪い業は地獄に落ちるような悪い結果になると言われています。「悪業」というのは特別悪い行いのことで、自分とは関係ないと思われるかもしれませんが、「悪いクセ」と言ったら、さていかがでしょう。

悪業には身業《しんごう》、口業《くごう》、意業《いごう》の三種類があります。身体の業（クセ）には、「手クセ」「女グセ」「酒グセ」が悪い…などあり、聞き捨てならぬ不道徳な行為です。「クチャラー（くちゃくちゃ音を立てて食べる人）」「肘つき食い」「犬食い」など不作法な食べ方なども嫌われます。

口の業では、「威張り屋」「法螺《ほら》吹き」「うぬぼれ」「けなしグセ」「悪口好き」「嘘つき常習」「おべんちゃら冗舌《じょうぜつ》」などあり、いずれも自己中心性の現れ。「早口」「訥弁《とつべん》」なども聞き苦しいクセ。「とは言っても」「ちなみに」などといつも前置きしてからしゃべる「口グセ」には、本人は案外無意識のことが多いようです。

意業とは、心のクセで、性癖と言えます。「神経質」「心配性」「潔癖性」「こだわり性」「のんびり性」「ケチ根性」「やりかんぼう」「一徹もの」「猪突《ちょとつ》型」など、意業は生活行動の元になるだけに重要な「業・クセ」です。

要は、どの業も、繰り返し行われることにより、習慣化する、クセになる、だから直しにくい。悪業は善《よ》からぬ結果を招くという因果の道理が厳然としてある訳です。

現代人には「生活習慣病」というやっかいなクセの病気がありますが、一番こわいのは「無意識性自己中心症候群」という難病だと言われます。身《しん》・口《く》・意《い》の三業《さんごう》にわたる業病《ごうびょう》です。如来の光に遇う・浄業《じょうごう》に清められるという特効薬を頂く他ありません。

22　右脳と仏法

（二〇二一年八月一一日掲載）

「脳は左右対称の臓器ですが、機能的には左右でかなり異なります。左脳は、言語、計算、理論など論理的、概念的な思考を行い、右脳は音楽、幾何学、発想など芸術的な分野に関連しています。言語中枢があるほうの脳を優位半球といいます」（昭和伊南総合病院検診センター長の山田幸宏医師）というように、人間の脳には左脳、右脳の区別があるようです。

私は、大学時代に熱心にドイツ語を学びましたが、卒業後はすっかりドイツ語から遠ざかり、今はほとんど覚えていません。ところが、妙なことにドイツ語で覚えた歌だけは、歌曲が出てくるとドイツ語の歌詞が自然に口に出てきます。どうやら、左脳に入ったドイツ語が、右脳に入っている歌曲と一体化して記憶されているようです。

よく、頭で覚えたものは忘れるが、身体で覚えたら忘れないといいます。自転車に乗る技は身体で覚える、だから生涯忘れない。音楽も身体（右脳）で覚えている。そこに歌詞が張り付いているから、昔の歌でも忘れないのではないでしょうか。

仏法でも同じようなことが言えるようです。

お経の意味、開祖の教義の理解は左脳でされます。どうしたら悟れるか、救われるかという論理構造は、まずしっかりと理解されねばならない。言語は優位半球・左脳の領域だからです。しかし、その理解が知的段階（頭だけ）に留まっているのでは「知解《ちげ》」に留まるといい、まだ感情・意志（つまり煩悩の領域）をも含む全人的な了解「体解《たいげ》」にはなっていない。頭だけで解っていても、胸（情）や肚《はら》（意）が納得していない。欲や腹立ち、愚痴の煩悩が染《し》みついた愚かな私でしたという右脳の納得（体解）ができてこそ、左脳で聞いた如来の救いが、左右一体になるのです。仏の喚び声が心底（右脳）に至りとどいて信心歓喜《かんぎ》・念仏となるのです。そしてすでに右脳に入っていて平生親しんでいる音楽的なおつとめ・讃仏歌の意味が、今また味わい直されるのだといただいている次第です。

23　名月におもう

（二〇二一年九月二一日掲載）

「月月に月見る月は多けれど月見る月はこの月の月」（よみびとしらず）と詠《うた》われている「中秋の名月」は、太陰暦八月一五日の夕方に出る月のことです（今の歌に「月」が八回出るのはその意味）。太陽暦では毎年日が変わり、今年（二〇二一）は九月二一日なります。無月《むげつ》（雲で見えない）、雨月《うげつ》（雨で見えない）ではなく、望月《もちづき》（満月）になってほしいものです。しかもただ名月を眺めるだけではなく、団子や薄《すすき》を供えて「お月見」をする。子供たちと「うさぎうさぎ　何見てはねる　十五夜お月さま見てはねる」と唱い、ついでに仏教の話を読みきかせる。その一つ。「月のうさぎ」（何も食べ物を見つけて来られなかった兎は、自分の体を火にくべて空腹の旅人＝実は帝釈天・インドの神＝を救った、だから月の中に兎の模様が見える）。その二つ目。スイカ泥棒をしようとした父親が、息子に見張りを言いつけると、息子は「だれも見てないけどお月様がみているよ」と言ったという昔の日曜学校の画カードの話（いずれも愚生共著の『子どもに聞かせたい法話』より）。光害だ、コロナだ、二四時間テレビだと騒々しい現代にこそ、こういう情緒ある風景が懐かしく思い起こされることです。

法然聖人はこう詠《よ》まれています。「月影のいたらぬ里はなけれども眺むる人の心にぞ住む」同じ月の光が届かないところはないが、その光を眺める人の心にどう受けとめられるかが問題。まず肉眼で月の光を見て（拝んで）、そこに如来のお慈悲を偲びつつお念仏しましょうの意味。

良寛和尚にまたすごい句があります。「盗人に取り残されし窓の月」無一物の和尚の庵《いおり》に泥棒が入り、寝布団を盗って逃げたが、あの清浄な名月は取れなかった、南無仏、と大悟の境地が端然と詠《うた》われています。

名月は仏法の奥深さをしみじみ味わうよい機会です。

24　自分がかわいい

（二〇二二年二月九日掲載）

ＮＨＫの「ためしてガッテン」は面白い番組でした。二〇〇七年八月二九日の「集中力アップ大作戦」は、螺旋状の溝にピンポン玉を沿わせて外側から中まで送り、穴に落とす集中力を四人が競うゲームでしたが、その中の二人、ＡとＢに〝おじゃま虫〟を付けます。全員に偽のラジオ放送をＢＧＭのように流しておきながら、その放送の途中にＡ（男性）の名前を入れる。今一人女性Ｂの娘さんにこっそりラジオ放送に入ってもらい、その名前を放送で流す。その途端にＡ、Ｂの集中力は低下してしまい、おじゃま虫の入った二人ＡとＢはゲーム成績が低下したという実験でした。

聞くともなしに聞いていたラジオ放送の中で自分の名前を聞いた途端、無意識の中に「我愛」（自分が可愛い）の心理が働き、集中力が落ちたということです。

念仏詩人・榎本栄一翁に「私の中」という詩があります。

私の中　覗いたら　お恥ずかしいが

たれよりも　自分が一番かわいいというおもい
コソコソうごいている　（『煩悩林』より）

コソコソというのは「無意識で」ということ。我愛の心理は誰もの心底に潜んでいるのです。例えば、同窓会の記念写真を受け取ったとき、まず自分の眼はどこに動くでしょうか？　恩師へでしょうか？　イヤ、自分の顔へと動くのではないでしょうか。

私もある食事のときおつゆをこぼしました。家内に「あっ、おつゆがこぼれた。ふきんをとってくれ」といい、家内が「何ですか、いい年して」とふきんを手渡すとき自分のつゆ碗をひっかけた。すると私は「そら、お前もおつゆこぼしたじゃないか」とやり返しました。何と頭のいい私でしょう。無意識で「こぼれた」と「こぼした」とを使い分けしている。それほど、我愛は無意識の領域にとぐろを巻いているのでした。

まことに「お恥ずかしい」私の「我愛心」。無明煩悩の凡夫の我、もうお念仏の他ないのであります。

三　『群萌』（白毫会　教化誌）への寄稿　一六篇

1　宗教とは？

（平成二七年　『群萌』二〇一号　巻頭言）

過激派組織[1]「イスラム国（ＩＳ）」問題を契機に「宗教とは一体何なのか？」と疑問を感じる方が多いと思う。筆者も然り、少し復習してみた。

世界の主な宗教といえば、①キリスト教（二〇億人）、②イスラム教（一二億）、③ヒンドゥ教（八億）、④仏教（三・六億）、⑤ユダヤ教（〇・一四億）などである。そして①、②、④は「世界宗教」だが、③、⑤はその民族だけの「民族宗教」（日本の神道もこの部類）だという。また①、②、⑤は、唯一の神を立てるので「一神教」といい、③や神道、道教などは「多神教」。（仏教は「超神教」という説がある。）

人間には太古から宗教がある。旧石器時代のネアンデルタール人は埋葬をしているし、クロマニヨン人は狩猟の成功を祈る呪術《じゆじゆつ》的壁画を残している。原始宗教時代には人間・生物・自然現象に霊魂があると信じられて呪術と儀礼が中心であり、タブー

（禁忌《きんき》）の概念も発生した。また、神がかりになる巫女《みこ》的シャーマンも原始社会から世界各地に存在した。

歴史的にみると、紀元前二八〇〇年頃からメソポタミア、エジプト、インドに、その後またギリシア、ケルト、ゲルマンなどに古代都市国家が誕生し、それぞれ守護神をまつる多神教が栄えた。南米でもマヤ、アステカ、インカで神殿が造られた。やがて世界宗教が起こり、教義成立・分派・政教融合／分離・宗教戦争等を経て、今日も社会と深く関わっている。

こうして人類は宗教とともに進展してきたといえるが、その多種多様な宗教を一口で定義することは至難。だが一〇〇余りの定義を見た中で一つ気に入ったのがあった。

〝宗教とは「大いなるもの」と交わり、結びつくことによって、自分の悩み、苦しみなどを解決したいと願う、その願いの中に現れる現象である〟

——加藤智見(2)

傍線部は「人間の弱さ」と言ってもよい。地震・台風・猛獣・疫病など自然の脅威、不猟や飢饉など生存の不安、戦争・略奪などの恐怖、そして人間のいのちそのものの無常性（死の問題）と人間存在根拠の疑問など、みな人間のもつ弱さである。その弱さゆえに「大いなるもの」に救い・守護を求めたのが宗教の始まり。

　もし人間に弱さがなかったら宗教は不要だ。仏教は人間の弱さ「苦」から始まっている。釈尊が出城されたのは老病死の苦を見られたからであり、お覚りの内容「四諦《したい》（苦《く》・集《じゅう》・滅《めつ》・道《どう》）」も第一が「人生は苦」である。しかし外なるもの（神や天）に祈祷して苦を逃れんとする「外道《げどう》」ではなく、身の中の煩悩（集）を内観する「内道」を強調されたのである。

　親鸞聖人も「苦悩の有情《うじょう》をすてない如来の大悲心・南無阿弥陀仏の回向《えこう》」に帰順された。仏教―真宗、ともに宗教の本義に則《のっと》っているではないか。まことの宗教に遇いえた強縁《ごうえん》をよろこばずにはおれない。

注（1）「世俗化・西欧化したイスラムを全否定し、ジハード（聖戦）による真のイスラム国家の建設をめざすジハード主義に基づき、その障害となる

ものを組織された軍事力から自爆テロも含むテロリズムなどの暴力行使によって排除しようとする組織や活動」である**過激派組織「イスラム国」**（ＩＳ）は二〇一五年一月シリアで行方不明になった湯川遥菜さん＝当時（四二）＝とフリージャーナリストの後藤健さん＝当時紬（四七）＝を人質に取り、殺害した。ＩＳはそれまで欧米人を殺害したとする動画を公開してきたが、邦人が犠牲になった事件は初めてだった。

（２）

加藤智見（かとう　ちけん、一九四三年‐二〇一七年）は、一九六六年早稲田大学文学部哲学科卒業；一九七三年、同大学院博士課程中退。日本の宗教学者、浄土真宗大谷派光専寺住職、東京工芸大学名誉教授。

著書：『世界の宗教と信仰　八つの型と共存への道』大法輪閣　二〇〇五

『見つめ直す日本人の宗教心』原書房　二〇〇六

『本当の宗教とは何か　宗教を正しく信じる方法』大法輪閣

二〇一三　他

2　真実は事実を救う

（平成二七年　『群萌』二〇四号）

二〇〇一年ノーベル化学賞を受賞された野依良治《のよりりょうじ》博士に『事実は真実の敵である』という著書があるのを知り、読んでみて驚きました。その題名は、あの騎士道かぶれのドンキホーテの台詞《せりふ》だとのこと。しかし、「事実は限定的であり、事実によってその裏に潜む偉大な真実を見逃してしまう」とか「賢者は文化を尊び、愚者は文明に従う」など、博士は、「事実」に終始しがちな科学者は謙虚に人文学・芸術などの文化に「真実」を学ぶべきだと、題名通りの主張をされています。

ところで、「事実」と「真実」とはどう違うのでしょうか。『三省堂国語辞典』によりますと

じじつ【事実】（名）

①実際に起こったことで、その人の気持ちや考えだけでは動かすことのできないことがら。

②《法》それが　あったか　なかったか、証拠にもとづいて判断できることがら。

しん じつ【真実】（名）

ほんとうのこと。ほんとうであること。まこと。

と出ています。

先の本の題名「事実は真実の敵である」について、インターネットでみるといろんな解釈がなされています。

《A》真実はいつでも一つ（絶対普遍的）だが、事実は沢山あり、一つの真実も百通りの事実となることがある。一番憎むべきは、都合のよい事実だけに折り合いをつけて、真実を求めようとしないことだ。

《B》事実は一つであってもそれに対する人の評価（真偽・信念―真実）は様々である。

《C》事実はその時代の知識によって変更されるが、真実は変わることがない。

どうやら、人によって「事実」「真実」の解釈は違っているようですが、よく見ると、事実は目の前に現れている、動かすことのできない具体的な事柄で、誰にも分かること。真実は、その事実が生じた因《もと》を抽象的に述べたもの、あるいは、その事実から読み取れる普遍的な思想だといえないでしょうか。

今、こうして私が事実と真実にこだわっているのは、実は、親鸞聖人が「真実」を大変重視されているからです。聖人の主著の『顕浄土真実教行証文類《けんじょうどしんじつきょうぎょうしょうもんるい》』をはじめ聖人のお書き物の中で「真実」という言葉は実に三一八回出てきます（因《ちな》みに「本願」は二二八回、「念仏」は二八五回）。そして「真実は阿弥陀如来の御こころなり」（一念多念証文）と申されています。その如来の御心とは「真《しん》といふは偽《いつわ》り諂《へつら》はぬを真という。実《じち》といふは必ず物《もの》（物とは衆生のこと）の実《み》となるをいふなり」（浄土和讃・左訓）ということでしょう。

真宗聖典には「事実」という言葉は出てきませんが、「偽り諂う」というのが我々衆生（物）の煩悩の日暮し。だから五濁悪世という苦の娑婆の現実から逃れられないのが「事実」に当たるようです。その事実（曇鸞大師のお言葉では「衆生虚妄《こもう》の相《そう》」）

を憐れまれて、なんとか救うてやりたい、何とかそういう衆生に、人間としての真の生まれ甲斐を与えて「実《み》となる」人生を全うさせてやりたいと願われているのが「如来の御心・真実」なのだといただいています。

ところが私達はともするとその苦の「事実」に気づかない。気づいても**「自分の気持ちや考えではどうすることもできないこと」**だから泣きわめいたり、腹を立てたり、人が悪い、世の中が悪い、何で私だけが…と愚痴ったりする。それが嫌だから事実から目を背《そむ》けようとするのではないでしょうか。

こうして苦しむからこそ、阿弥陀如来は智慧と慈悲の名号、声の仏となって「あなたを救う如来が、ナム（モ）アミダブツとここにきているよ。どうかお念仏申して、この如来とともに浄土に生まれてくれよ」と、私達の苦に寄り添いながら喚びづくめに喚んでいてくださる。これが如来の真実です。

私たちの「苦」の「現実」は、苦に寄り添う如来の「真実」によってこそ救われていくのだと、味わっています。

曲がれるを曲がるるままに涅槃西風《ねはんにし》

愚石

by Tohru

3　お前の病は諦めた

（平成二八年『群萌』二〇六号）

五月に勤めた祖母の百回忌の折、二十八年前の祖父の五十回忌記念冊子に書いた拙文を読み直し、思いを新たにしました。こう書いてあります。

後堂《うしろどう》の古い木製の書類棚を整理していました時、一枚のハガキが目にとまりました。

三国で結核の療養をしていた祖母に宛てた祖父からの葉書であります。早速裏を返して本文を見た途端、私は脳天を叩きのめされたかに、立ちすくんでしまいました。

「お前の病は諦めた。この上はご和讃、御文章様をよく頂き、念仏相続することが肝要……」

これは何と冷酷なまでに厳しい言葉でしょう。三十八、九歳という男盛り、女盛りの夫婦の間で、たとえ身は僧侶であろうと、よくもこうはっきりと言い得たものだ。祖母はどんな気持ちでそれをよんだことであろうか。

しかし、よく考えてみれば、またこれほど真実に満ちた言葉はない。一時しのぎの甘言やお世辞で慰めてはみても、とうてい助からない命とあらば、この濁世における半日や一日の延命ではなく、無量の寿《いのち》に帰り得る道を歩ましめることこそ、真実の夫婦の愛情ではなかろうか。これこそ縁あって夫婦となり、人生の真実探求の道をともに助け合いながら歩む人間同士としての、虚飾を捨て去った、赤裸々の、まことの叫びであろう。

そりゃ百年も昔の話だ。今は時代がちがうと言われるかもしれません。たしかに、医療の面でも、保険、経済、交通の点でも現代は飛躍的に進んでいて、結核になろうと、ガンになろうと、家族こぞって治療に全力を尽くす。「病を諦める」などとはタブーである…というのが今時の風潮でしょう。

しかし、「老・病・死」は厳然として、誰にでも襲ってきます。健康な「生の文化」のみを謳歌し続けることはできないのが人生の事実ではないでしょうか。健康面だけではありません。天災・人災（戦争・事故など）が生じないという保証もありません。この世はやはり「娑婆《サハー》」（苦悩に堪え忍ばねばならぬ土）であることは、昔も今も同じです。

親鸞聖人はあるお手紙でこう書いておられます。（現代語訳）

「なによりも、去年と今年、老少男女、多くの方が、あの人もこの人も亡くなられたことこそ、哀《かな》しいことです。ただし、生死の無常である道理は、くわしく仏がかねてお説きになっていることですから、驚き思《おぼ》し召すことではありません。まず、善信（親鸞のこと）の身の上から申せば、臨終の際の善し悪しは問題にはなりません。信心が定まった人は（浄土に生まれることに）疑いがないので、すでに『正定聚《しょうじょうじゅ》』（必ず浄土に生まれる身と定まった仲間）の位に住していることになります。ですから、愚痴無智の人も安んじて亡くなってゆくことができるのです。」（阿満利麿『親鸞からの手紙』）

聖人は、現世の苦悩を悲しまれながらも、その悲哀をのり超えて浄土に生まれることと、そして永久の寿《いのち》・さとりの境界に到ることこそ人間としての生まれ甲斐であるという仏智の超越的な視点に立っておられます。

本当に愛しい人が今この世を去っていこうとしているとき、そのいのちの行方をはっきりとさとし、念仏をすすめることこそ、真の愛情ではないでしょうか。

〝「死んだらおしまいだ」と言うことができる人には資格が要る。最愛の人が「わたし死んだらどこへいくの」と聞いたとき、「あぁ、死んだらおしまいだよ」と平気で言えるという資格があるかどうか？〟という法話を聞いたことがあります。

日が暮れても還る巣のない鳥は哀れ！　人間と生まれても死んだらおしまい、還る浄土への道が定まっていない人生は何と空しいことでしょう！

病は諦めても、往生・成仏と未来が開けることこそ第一であるとされた祖父の信の強さを想い、ただ念仏したことでした。

4 親鸞聖人の「涙」

（平成二八年『群萌』二〇七号）

親鸞聖人のお書き物の中で、「涙」という文字は三回出てきますが、一回は『教行信証』中の引用文で、「聖人の涙」ではありません。

しかし、『親鸞聖人御消息』の第十三通では、聖人昵懇《じっこん》の弟子蓮位《れんに》が慶信房《きょうしん》宛てにこう書いています。「この手紙の内容に間違いがあるかもしれないと思い、聖人の前で読みあげましたところ、『これで十分です。申し分ありません』というお言葉…。特に覚信房《かくしんぼう》のところでは、涙を流していらっしゃいました。本当に深く悲しんでおられました」（現代語訳）。覚信房は関東を出発して一日市《ひといち》という所で病気になり、同行《どうこう》した仲間は帰るように言いましたが、どうせ命を終えるのなら聖人のもとで終えたいと京都まで上って来て、聖人の膝下で最後まで念仏しながら往生した。聖人は目《ま》の当たりに念仏往生したお弟子に涙されたというのです。

教法については厳格であった聖人も、こうして仏法が人に現れ生きてくる相《すがた》には胸襟を開かれ、涙されるお方でありました。

特にご自身の生涯中での一大事━善知識法然聖人とのお出遇いについては、大論文『教行信証』（化身土巻）の後序に簡潔ながらも感動的「**涙の私記**」を公表しておられます。

＊＊＊＊

①聖人三十五歳時の**承元**《じょうげん》**の法難**（真っ先に挙げられた！）。聖道門からの訴えをうけた朝廷が理不尽にも念仏を停止し、法然聖人の門弟数人を死罪にし、法然聖人も私もともに流罪とした。聖人は五年後許され京都に戻られ建暦《けんりゃく》二年一月二十五日に亡くなられた。

②遡《さかのぼ》って建仁《けんにん》元年・聖人二十九歳のとき法然聖人の教えに遇い、（比叡山での）自力の行を棄てて（＊**兮**）本願に帰依した。

③元久《げんきゅう》二年・三十三歳の時、法然聖人から恩恕《おんじょ》（特別の許し）をいただいて（＊**兮**）『選択《せんじゃく》集』の書き写しを許された。

《注　＊兮（ケイ）は感動の助字。普通は読まないが、ここに親鸞聖人の感動がある

ことに注意したい。》

④同年四月十四日、その書写本に法然聖人は書名「選択本願念仏集」と賛文「南無阿弥陀仏往生之業念仏為本」と私の名（釋綽空《しゃくのしゃっくう》）まで書いて下された。

⑤同じ日、法然聖人のご絵像を写してよいとお貸しくださった。

⑥同年七月二十九日。聖人は図写したご絵像に賛として「南無阿弥陀仏」と「若我成仏…必得往生」（善導大師の『礼讃』の真文四十七文字）とを書いて下さった。

⑥同日、夢の告げによって、綽空という名を（善信と）改め、聖人自らその名を書いて下さった。

⑦そもそも『選択集』とは、九條兼実《くじょうかねざね》公の特別の願いで法然聖人が内々撰述《せんじゅつ》された真宗・念仏の奥義であって、これを見たり、書写できる者は上位の高弟などごく少数に限られていたのに（入門してまだ四年という）新参の私がその宝典の書写を許されたということ、しかもご絵像まで図画させていただけたということは、「ただ念仏」道をひたすらに歩ませていただいてきた徳であり、往生が定まっていることの徴《しるし》な

のである。すなわち師聖人から殊に篤い信認を給わった証《あかし》であったと、今なお「**悲喜の涙**」にくれながら、当時の次第を書き記しているのである。

＊　＊　＊　＊

こうして師法然聖人から篤い信認を得られて「悲喜の涙」にむせばれた親鸞聖人の御心には、燃え上がってくる強い思いがありました。恩師の専修《せんじゅ》念仏、『選択集』に対して笠置《かさぎ》の貞慶《じょうけい》上人や栂尾《とがのお》の明恵《みょうえ》上人などが批判・論難をしたが、これを黙過することはできない。阿弥陀仏の本願を信じ念仏を申すことこそ、凡愚万人が仏に成る道であり、大乗仏教の至極《しごく》・大菩提心の成就であることを論駁・論証したい。この一念で、『顕浄土真実教行証文類《けんじょうどしんじつきょうぎょうしょうもんるい》』六巻を公表されたのであります。時は聖人五十二歳、ちょうど法然聖人の十三回忌の年であったといいます。

恩師との出遇いを一つ一つ偲ぶ毎に流れる**悲喜の涙**。これこそ親鸞聖人が高著を大成された原動力であり、更には末法にして如来大悲に遇い得た遺弟の悲泣が同根としてであると窺う次第です。

5　《和讃を味わう　一》弥陀成仏

（平成三〇年『群萌』二一二号）

◎弥陀成仏《みだじようぶつ》のこのかたは
いまに十劫《じつこう》をへたまへり
法身《ほつしん》の光輪《こうりん》きはもなく
世《せ》の盲冥《もうみよう》をてらすなり（浄土和讃）

新春の修正会《しゆうしようえ》に誦《あ》げられるこの和讃から味わってみたいと思います。その大意を『三帖和讃現代語版』でいただきましょう。

「阿弥陀仏は、仏となってからすでに十劫の　時を経ておられる。さとりの身から放たれる　光はどこまでも果てしなく、迷いの闇にいるものを照らすのである」。

この和讃から始まる浄土和讃四十八首は、曇鸞大師の「讃阿弥陀仏偈《さんあみだぶつげ》」（漢文）を元に親鸞聖人が和文で分かり易くお詠みになられたものです。

最初の「弥陀成仏」はたった四文字ですが、その意味内容は実に大変なもの。親鸞聖人は『一念多念証文』にどのようにして阿弥陀仏が仏になられたか、何のためか、ということを詳しく書かれている。今その要点だけを『現代語版』から抜粋してみます。

「この一実真如の大宝海からすがたをあらわし、法蔵菩薩と名乗られて、何ものにもさまたげられることがなく衆生を救う尊い誓願をおこされた。その誓願を因として阿弥陀仏となられたのであるから、阿弥陀仏のことを報身《ほうじん》如来…尽十方無碍光仏…南無不可思議光仏…方便法身《ほうべんほっしん》というのである。方便というのは、すがたをあらわし、み名を示して、衆生にお知らせくださることをいうのである。すなわちそれが**阿弥陀仏**なのである。この如来は光明である」と。

先ずは、「一如宝海」という仏の「おさとり」です。それは、人間・凡夫の「まよい」を超えられ、なぜ衆生は迷い、悲しみ、苦しむのかを見通された**智慧**の境界です。その智慧の眼《まなこ》で衆生の姿をご覧になると、捨ててはおけない。衆生を救いたいという**慈悲**に動かれる。

といっても、色もなく形もない智慧を衆生にどうしてわからせるか。それには「すがたをあらはし、み名をしらせて」救うより他ないという「方便」(方法)を選んでくださったのが「南無阿弥陀仏」であります。(ですから、お仏壇のご本尊・阿弥陀如来のご絵像には「方便法身之尊形」と裏書きがしてあるはずです。)

しかも、「方便」はサンスクリット語で「ウパーヤ」といい、「近づく」という意味です。さとり・智慧の仏さまの方からまよいの衆生に近づいて来てくださるという慈悲のはたらきが「方便」なのです。

その「すがた、み名」を現わす願いが、永い思惟《しゆい》と厳しい修行を通して成就し、法蔵菩薩は阿弥陀仏となられました。つまり我々衆生が救われていく道・救済の道理が完成したのです。十劫という計り知れない過去のことであったと経文には説かれていますが、その十劫とは「南無阿弥陀仏」によるお救いがいかに確かであるかを示すものです。

そして「この如来は光明」ですから、その法身《ほっしん》(おさとりの身)から出る光は輪のように広がり、この世の、我われ凡夫の「迷いの闇」を照らしてくださる。「人間同士が争い・殺し合い、人間がこの世の主であり・自然界は征服すべきもの、と思い上がっているのは迷いの証拠だ。人間よ、その傲慢《ごうまん》さに気付いて、万物を救わんという如来の一如真実に帰命し、懺悔・念仏せよ。我よく汝を救わん」と照らしづくめ・喚びづくめでおられるのが阿弥陀仏なのであります。

「世の盲冥《もうみよう》」は阿弥陀経の「五濁悪世」につながります。「世」の問題は他人事ではありません。そこに住んでいる私、世と同じ空気を吸うている私の大問題です。なのにいつの間にか「世の中が悪い。私は正しい」と思い上がるような私。しかもそのことが見えていないのが私の盲冥《みえないくらさ》・暗闇。まさに「救いがたい」存在の私でした。「法身の光輪」をいただかねばならないのはこの私でした。

浅原才市さんが「み太上《だじよう》ぶつのこのか太《た》わいま二《に》じいこ《十劫》をへ太《た》まゑり　わたしのこころ二《に》へ太《た》まいて　くださるじひがなむあみだぶつ」と詠んでいます。

次号からしばらく、いくつかのご和讃をこのお粗末な「私の心に」いただき、味わわせていただきたいと思います。

6　《和讃を味わう 二》苦悩の有情

（平成三〇年『群萌』二一三号）

あるところで法話をした数日後、次のようなハガキをもらいました。

「文学は人を騙《だま》さない。音楽も人を騙さない。芸術も人を騙さない。スポーツも人を騙さない。なのに一番人を騙してはいけない宗教が、一番人を騙しているのではないか。しかも方便などという、うまい表現を使って、うまく誤魔化しているんじゃないのか。」

驚きましたが、返事にこう書きました。「次のご和讃で、あなたが嘘だと思うところを消していってください。消せないところが残りませんか。

如来《にょらい》の作願《さがん》をたづぬれば　苦悩《くのう》の有情《うじょう》をすてずして

回向《えこう》を首《しゅ》としたまひて　大悲心《だいひしん》をば成就《じょうじゅ》せり（正像末和讃《しょうぞうまつわさん》）」と。

返事は来ませんでしたが、みなさん、どうでしょう。「如来」「作願（本願）」「回向」「大悲心」などは信じられないと消されたかも知れませんが、「苦悩の有情」は？　これも嘘だと消せたでしょうか。人間・私に苦悩などありませんと言えたでしょうか。

宗教・仏教は「苦」からスタートしたのです。お釈迦さまは、王子のとき人間には「老・病・死」という「苦」があること、その苦を解決しようという修行の道があることを見究めて二十九歳でお城を棄てられました。そして六年の苦行を経て三十五歳でおさとりになられ、最初にご説法されたのが「苦《く》・集《じゆう》・滅《めつ》・道《どう》」の四諦《したい》の教えです。「人生は苦である、それは煩悩が集まっているからだ。その苦・煩悩がなくなった滅の境地に至るには正しい道を歩まねばならない」と説かれました。ここでも「苦」が基になっているのです。

苦悩の最たるものは、肉体の「死」であり、心の「悩み」です。この苦悩は、二千五百年昔のお釈迦さまの時代も科学文明の進んだ現代でも変わりません。まず、生あるものは必ず死ぬ。他人事《ひと》ではない。「今までは人のことだと思ふたに俺が死ぬとはこいつはたまらん」と太田蜀山人《おおたしょくさんじん》が辞世の狂歌を詠《よ》んだように、死は必ずこの身に迫ってきています。

「人間関係に疲れる」という言葉があります。損得、不和、嫉妬、邪推、劣等感、いじめ、疎外、孤独、絶望等々、心の悩みも尽きません。しかし調子が良い時は有頂天で、この人間に潜む苦悩の底流に気づかない。これが凡夫の「無明《むみょう》」（迷い）の実態です。

如来は、こうして「生死《しょうじ》（まよい）の海」に溺れている衆生を見捨ててはおけない。

弥陀《みだ》・観音《かんのん》・大勢至《だいせいし》　大願《だいがん》のふねに乗《じょう》じてぞ
生死《しょうじ》のうみにうかみつつ　有情《うじょう》をよばふてのせたまふ（正像末和讃）

と、如来の方から救いの手をさしのべてくださる。それがいわゆる第十八願の心です。

至心信楽欲生《ししんしんぎょうよくしょう》と　十方諸有《じっぽうしょう》をすすめてぞ
不思議《ふしぎ》の誓願《せいがん》あらはして　真実報土《しんじつほうど》の因《いん》とする（浄土和讃）

「如来のまことを信じて念仏申せ。必ず救う」という趣旨です。その如来のお救いはまさに「不思議」。自己中心に迷うている人間凡夫には到底思いはかることのできない仏のはたらきです。

この如来の大悲心「南無阿弥陀仏」を成就して、これを回向（さし向け・お与え）してくだされればこそ、溺れるものが救われていくのです。苦悩に喘《あえ》いでいる者には、疑うている暇などない、「ナムアミダブツ」と大願の船に乗せられていくばかりです。

ある女性Aさん（六〇歳）は、ご主人が脳梗塞で、リハビリ中。その上一人暮らしだった実母が老人施設に入所して何かと手がかかる。その間に主人の両親を見送ったが、義妹と遺産でもめる。そこへ娘が離婚し、幼い孫二人を連れて帰ってくる。その上、自分は高血圧。もう絶体絶命！

ところがあるとき実母からの手紙がみつかる。「何がおきてもここは娑婆。お念仏だけがよりどころです。」これに励まされ、今は法名を受け、お念仏を喜びながら、がんばっています…とのお便りをいただきました。

苦悩の有情を捨てない如来の願心が肚底《はらそこ》に到り届いたとき、溢れ出るお念仏となって、苦境を乗り超えさせてくださるのです。

7 《和讃を味わう 三》信は願より

（平成三〇年『群萌』二一四号）

如来さまの根本の願いは「苦悩の有情」を救いたいということでしたが、私こそ苦悩の有情でありましたと気づくことが、仏法への入り口です。そのことを善導大師は御和讃でこう説かれています。

(1)**「煩悩具足《ぼんのうぐそく》と信知《しんち》して　本願力《ほんがんりき》に乗《じょう》ずれば　すなはち穢身《えしん》すてはてて　法性常楽《ほっしょうじょうらく》証《しょう》せしむ」**〈煩悩を身にそなえたものであると知らされて、本願のはたらきにおまかせする身となったなら、命終える時、煩悩にまみれたこの身を捨て去って、浄土で変わることのない真実のさとりを開かせていただくのである。（浄土真宗聖典『三帖和讃（現代語版）』）〉

私たちが、我欲も多く、すぐに怒ったり腹を立てたり、人の幸せをそねみ・ねたむ心が起こり、いつまでもわが身の不遇や惨めさを愚痴る…こういう煩悩が、死ぬまで身をはなれない、これを凡夫というのだ。その凡夫に「まかせよ、すくう」と呼んでくださっている「南無阿弥陀仏」の大願の船に乗せていただけよと善導大師・親鸞聖人はお諭《さと》しです。

(2)　**「真心徹到《しんしんてっとう》するひとは　金剛心《こんごうしん》なりければ　三品《さんぼん》の懺悔《さんげ》するひとと　ひとしと宗師《しゅうし》はのたまへり」**〈真実の信心をその身に得た人は、決して壊れることのない心をそなえているので、上・中・下三種類の懺悔をする人に等しいと、善導大師はいわれている。（前掲書）〉

煩悩にこり固まっているこの私を、どこどこまでも救わんとお照らし、お呼びかけくださっている本願の「真心」でありましたかと、心のどん底に響いてきたとき、こみ上げてくるのは「何ともったいない、南無阿弥陀仏」です。如来さまの真心が「徹底的に到り届いた」のですから、それはもう決して壊れない如来さまの「金剛心」なのです。

煩悩の底を照らされてみれば、なんと罪深い者であろうかと懺悔のみ。親鸞聖人は「眼より血を流し身より血を出す（上）、眼より血を流し、身より汗を流す（中）、涙を流し髄に心が徹る（下）」という三種類の懺悔を挙げておられます。申し訳ないこのような私のためにこそ如来さまのご苦労がございましたかと「念々称名《ねんねんしょうみょう》・常《じょう》懺悔《さんげ》」の他ありません。

(3)「**信《しん》は願《がん》より生《しょう》ずれば　念仏成仏自然《ねんぶつじょうぶつじねん》なり　自然《じねん》はすなはち報土《ほうど》なり　証大涅槃《しょうだいねはん》うたがはず**」〈真実の信心は阿弥陀仏の本願から生じるので、おのずと念仏によって仏のさとりが開かれる。そのはたらきは真実の浄土にそなわっているので、間違いなくこの上ないさとりを開くのである。（前掲書）〉

「私が」信ずる信心ではなく、如来さまの切ない大悲の願「まかせよ、すくう」が、この頑《かたくな》な私の心底に到り届いてくださった信ですから、その本願のはたらきのまま、自然に仏のさとりを開かせていただける。それが「願力自然《がんりきじねん》」の意味。一切のこだわり・迷いを離れ一切ととけあえる境界が開かれるのです。

死刑囚の教誡をされた足利孝之師のご本で「この手」という話を読み心打たれました。

この手は小さい時、母の乳房をしっかり握った手　この手は、母の背中をたたいた手

この手は、母の白髪を抜いた手　この手は、ある日二人の女を殺した手

この手は、獄舎にて歎異抄を点訳した手　そしてこの手は、朝夕合掌する手

某死刑囚Aは彼の手型を捺《お》した色紙にこう書いて足利師に渡し二十七歳の生を終えました。

経緯は〝私生児Aを生んだ若い母親は、Aを「母」に託して去る。Aは祖母を「母」と呼んで育つ。高校への願書を書くとき、「私生児」だったと我が出生の秘密を知る。それから彼の人生は狂いだした。暴力団、覚醒剤と悪の道に入り、女と同棲する。金に困り、女をある医院のお手伝いに入らせ、夜強盗に入り、医師夫人を殺し、金品を盗み、女を連れて山に逃げる。犯行を知っている女を殺し、逃亡。やがて捕まり、裁判の結果死刑の判決。しかし、獄中での教誡によって初めて『歎異抄』に遇う。「善人なほもつて往生をとぐ、いはんや悪人をや」との如来大悲が深く心にしみ、如来に信じられている身であったと感泣する。この如来におまかせする他なし…こうして毎日念仏の出る身となった〟のでありました。

まさに信は大悲の願より生じるのです。

8　《和讃を味わう　四》ねてもさめても

（平成三一年『群萌』二一五号）

煩悩が染《し》みついた衆生（**機**）には、清浄な仏のさとりを求めて得る力はまったく無い（これを**機**無《きむ》という）。それを哀れんで如来は十方の衆生を救わんという大誓願を発《おこ》され、名号を**円**《まど》かに**成**就され（**円成**《えんじょう》）、「まかせよ、かならず救う」とあまねく衆生に呼びかけ名号を**回**向・**施**与されている（**回施**《えせ》）、この尊いお法《みのり》あればこそ私は救われていくのだと一心にいただく（**成一**《じょういつ》）のが信心でした。

次の高僧和讃にもそのお意《こころ》が出ています。

「**極悪深重**《ごくあくじんじゅう》**の衆生**《しゅじょう》**は　他の方便**《ほうべん》**さらになし　ひとへに弥陀**《みだ》**を称**《しょう》**してぞ　浄土**《じょうど》**にうまるとのべたまふ**」（高僧和讃）（源信和尚《げんしんかしょう》は、「きわめて深く重い罪悪をかかえているものが救われるには、他の手だては何一つない《**↓機無**の意》。ただひとすじに阿弥陀仏の名号《**↓円成**》を称えることで、浄土に生れることができる《**↓回施**》」といわれている。）…『三帖和讃　現代語版』取意。

サリン事件の首謀者麻原彰晃《あさはらしょうこう》など凶悪犯罪者だけが罪業深重ではありません。政界・財界の「お偉方」が、忖度《そんたく》、改ざん、偽証、偽装に腐心《ふしん》したり、パワハラ、セクハラで訴えられたり、ギャンブル推進の法案を作ったり…。はたまた、無差別殺人、遺恨―さらには親族間の殺人、等々、枚挙に遑《いとま》がないほど、紙面には人間の罪業相がオンパレード。

しかし、マスコミには出ないが、私たち自身日々の生き様はどうでしょう。身も口も意も、することなすことみな自己中心。ときには「身にしてはならないことを行い、口に言ってはならないことを言い、意《こころ》に思ってはならないことを思う」ことがないでしょうか。

念仏詩人木村無相翁は、こういう恐ろしいわが煩悩を断《た》ってさとりを得たいと三十余年ひたすら修行しました。その結果、

「どうにかなれると　おもっていたが
どうにもなれない　わたしでした

そのままとは　どうにもなれない　そのままとは―」（『続・念仏詩抄』）

と詠っています。どうにもなれない（機無）そのまま如来はお救いくださる（円成・回施）とは―（何ともったいない、ナムアミダブツ）とただ念仏一つ（成一）に落《らく》着《ちゃく》されたのです。親鸞聖人は正像末和讃でこう詠われます。

「弥陀大悲の誓願を　ふかく信ぜんひとはみな　ねてもさめてもへだてなく　南無阿弥陀仏をとなふべし」〈阿弥陀如来の大悲の誓願を深く信じている人はだれでもみんな、寝ても覚めていても変わりなく、いつも南無阿弥陀仏とお念仏を申しましょう。〉（浅井成海先生の現代語訳）

ポイントが二つあります。第一は如来大悲の誓願を「深く」信じているということ。これが「機無・円成・回施」の意。愚かで驕《おご》り高ぶりの強い私のどん底に、如来の真心が南無阿弥陀仏の喚び声となって到り届いてくださったという喜びです。その喜びは必然的に「ナムアミダブツ」の称名（「成一」）となります。聖人が「真実の信心には必ず名号を具《ぐ》す」と明言しておられるとおりです。

第二は「ねてもさめても」。いつでもどこでもたえずお念仏を喜ばずにはおれませんというご信境です。理屈をいう人（深く信心を得ていない人）は、「眠っていると き称えるのは寝言か？」というかもしれませんが、心底からお念仏に救われた喜びが深まれば、聖人の仰せのとおり、自然にお念仏が出てくださるはずです。

ある高齢の女性がお聴聞の間によく念仏される。それでお説教の講師がその訳を尋ねられたらこういう話をされたそうです。

「私は三歳のときお祖母《ばあ》ちゃんが『〇〇ちゃん、あんたいくつ？ 三つかね。それじゃ寝る前に自分の歳の数、三回だけナンマンダブって言えますか』『ハイ、いえるよ』…こうして私は娘時代にも、結婚してからも、寝る前には自分の歳の数だけお念仏を称えるようになりました。そうしている中にいつの間にかお念仏が口について離れられないのが有難いです」と。きっと如来さまがいつもこの私について離れられないのが有難いです」と。きっと信心深いお祖母ちゃんのまいた種が、白蓮華と咲いたのでしょう。

9　《和讃を味わう 五》無上覚

（平成三一年『群萌』二一六号 巻頭言）

『親鸞聖人真蹟集成』には、今我々が常用している『正像末和讃』の元である『正像末法和讃』草稿本の三十五首（「五十六億七千万…」以下「如来大悲の恩徳は…」まで）の和讃が載せられており、次にとつぜん「夢告讃《むこくさん》」が出てきます。

「康元《こうげん》二歳丁巳《ひのとのみ》二月九日の夜寅時《とらのとき》夢の告げにいはく

弥陀の本願信ずべし
本願信ずるひとは　みな
摂取不捨の利益にて
无上覚をばさとるなり

この和讃をゆめにおほせを蒙《かぶ》りてうれしさにかきつけまいらせたるなり
正嘉《しょうか》元年丁巳壬《うるう》三月一日　愚禿親鸞八十五歳書之」

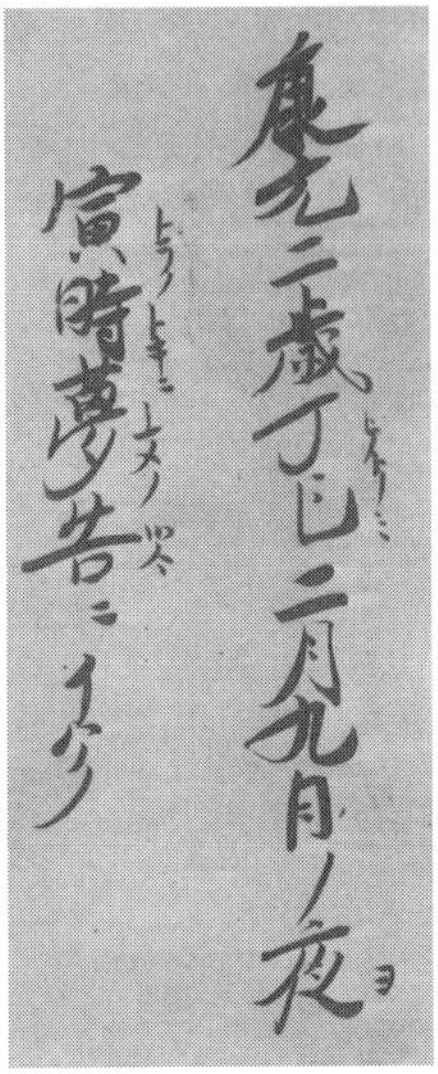

康元二歳丁巳二月九日ノ夜
寅時夢告ニイハク

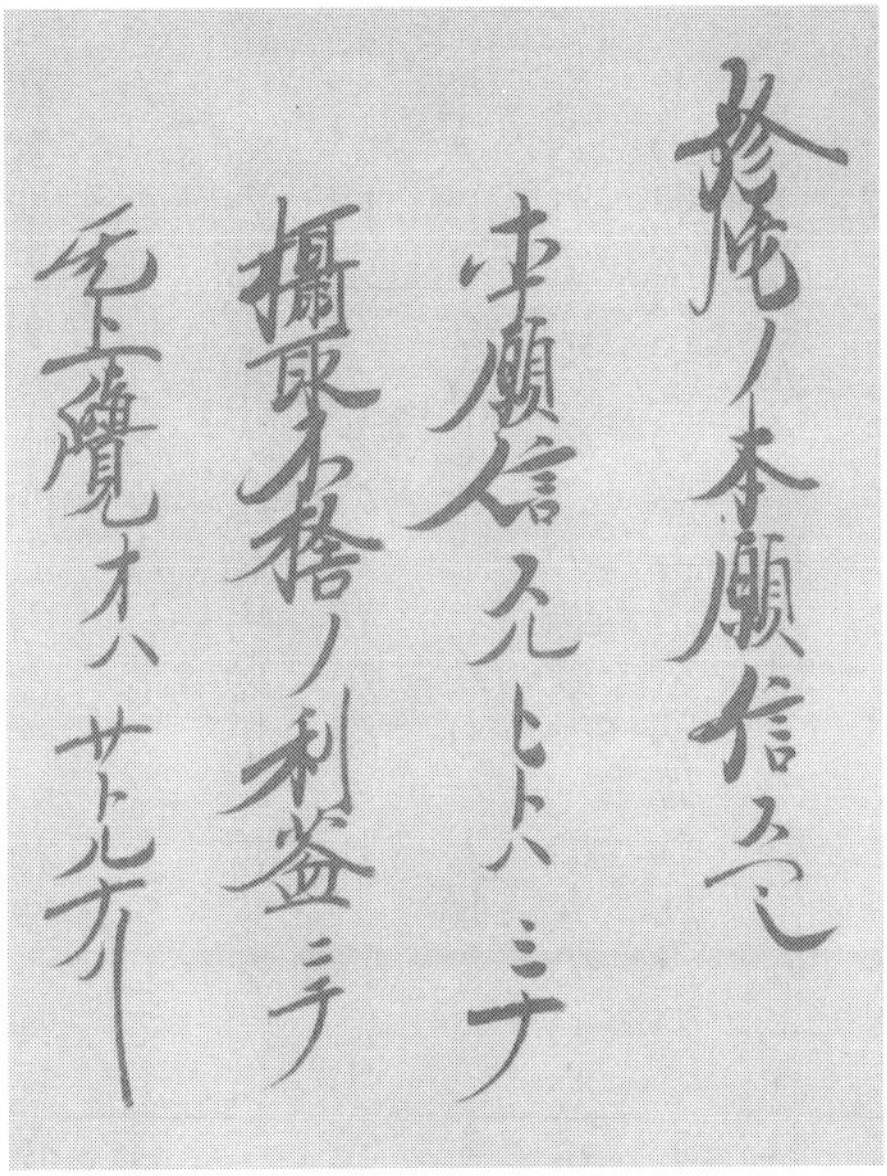

弥陀ノ本願信スヘシ
本願信スルヒトハミナ
摂取不捨ノ利益ニテ
无上覚オハサトルナリ

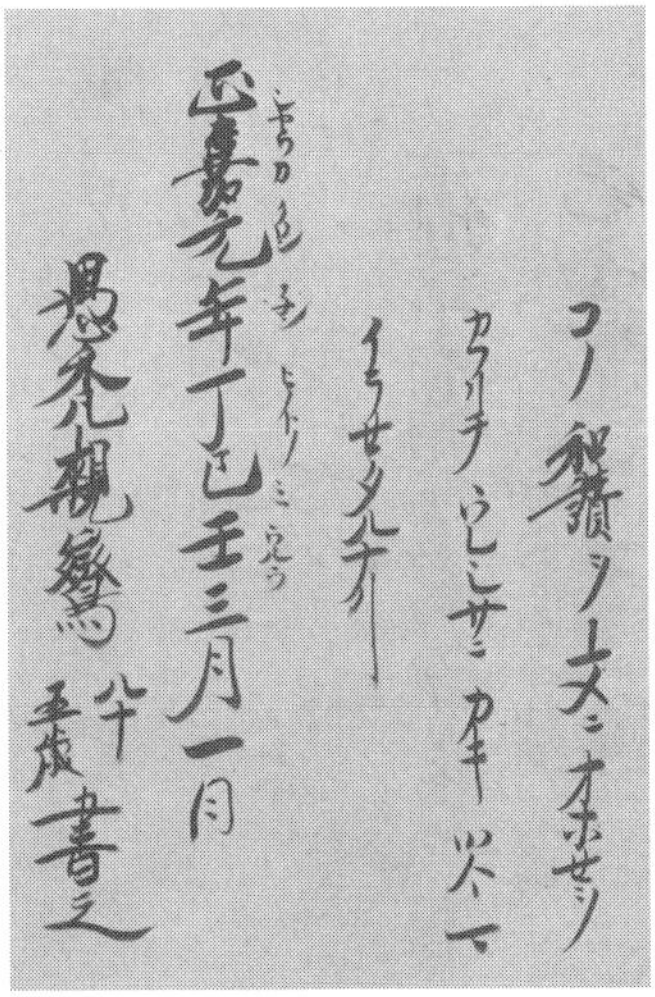

コノ和讃ヲユメニオホセヲ
カフリテウレシサニカキツケマイラセタル
ナリ
正嘉元年丁巳壬三月一日
愚禿親鸞 八十五歳書之

『親鸞聖人真蹟集成』より謹写

親鸞聖人が八十四歳のときいわゆる善鸞義絶事件が起きました。関東の門弟間におきた造悪無碍《ぞうあくむげ》（どんなに悪いことをしても往生の妨げにはならない）という異義を鎮静するため、聖人は息男慈信房善鸞を関東に派遣されましたが、結局収めきれず、かえって門弟たちとの対立が深まり、特に法義の伝授に関する慈信の異見に対してついに聖人は「かなしきことなり」と嘆きつつ善鸞と親子の縁を切られたのでした。老齢になられてからのこの悲歎は、聖人のお心に深く刻まれたことでしょう。

その翌年に上の夢告讃を感得されたのです。聖徳太子のお告げだろうと言われていますが、ともかくも聖人はこの夢告の「うれしさ」を五十日間胸に秘めながら「正像末法和讃」をお書きになり、それが終わったところで胸中の秘讃を公開されたのだと拝察します。あくまでも「お告げ」の言葉として、仮名や左訓はついていません。ただ夢告を喜ばれ、深く味わわれたことでしょう。

その「うれしさ」とは何でしょうか？

第一に、義絶という「かなしみ」の暗い心の中に光がさしたこと。「人を信じるのではない、『弥陀の本願を』信ずべきだ」とのお諭《さと》し。聖人は「雑行を棄《す》てて本願に帰」したあの六角堂―吉水での感激の原点を再確認されたことでしょう。

今一つ。「本願を信じる人はみな、凡夫であれ聖《ひじり》であれ、慈信房であれ愚禿であれ、みな等しく如来のみ光の中に攝《おさ》め取られ包みこまれていく。だからこの世の迷い苦しみのまま必ず仏と成る身と定まり、遂には『无上覚《むじょうかく》』というこの上ないさとり、つまり『弥陀同体《みだどうたい》のさとり』を得させてもらうのであるとは！　この煩悩具足《ぼんのうぐそく》の身で！」と聖人は無上の「うれしさ」を感得されたのでした。

聖人八十五～八十八歳にかけての御著述等は実に驚異的。聖人の信火が最高に燃え上がった。その導火線は夢告讃の「うれしさ」であったに違いないと思っています。

当派では夢告讃に「唱和」の譜がついていません。聖人からの私に対するお告げといただき、拳々服膺《けんけんふくよう》、ただ念仏あるのみです。

10　《和讃を味わう 六》往くも還るも

（令和元年　『群萌』二一七号）

前回、本願を信じ念仏を申せば「無上覚」を覚らせていただけるのだという親鸞聖人の「うれしさ」を味わいました。次の和讃の出だしも同じ趣旨です。

「願土《がんど》にいたればすみやかに　無上涅槃《むじょうねはん》を証《しょう》してぞ　すなはち大悲《だいひ》をおこすなり　これを回向《えこう》となづけたり」（高僧和讃）。願土（浄土）に生まれるとすぐさま無上涅槃（無上覚）を証する（覚る）ことができる。この罪深い迷いの凡夫が、阿弥陀さまと同体の覚りを得させてもらえるとは！何と尊いことでしょう。これは決してわが力ではありません。如来さまのお力・御はたらき（回向）です。これを「往相回向《おうそうえこう》」という。

そして、阿弥陀さまと同じ覚りに入らせてもらうから、娑婆に還ってきて迷いの衆生を救いたいという如来の「大悲」の心までいただく。これもひとえに如来さまの御はたらきですから、これを「還相回向《げんそうえこう》」といいます。

「安楽浄土《あんらくじょうど》にいたるひと　五濁悪世《ごじょくあくせ》にかへりては　釈迦牟尼仏《しゃかむにぶつ》のごとくにて　利益《りやく》

衆生《しゅじょう》はきはもなし」〈阿弥陀仏の浄土に往生した人は、さまざまな濁りと悪に満ちた世に還り来て、釈尊と同じようにどこまでもすべてのものを救うのである。《三帖和讃現代語訳》〉と浄土和讃にもわかりやすく説かれています。

正信偈で「往還回向由他力《おうげんえこうゆたりき》」（往《い》くも還《かえ》るも他力の回向である）と尊まれているのもその意味です。そして「還相回向」については聖人に二つのお喜びがありました。

昨年は日本も災害の多い年でしたが、聖人が越後から関東に向かわれた頃、大変な飢饉が起き、大勢の人が亡くなられた。それを何とか救いたいと思われたが、僧分《そうぶん》では読経するくらいが関の山。とても「助けとげる」ことはできない。そのもどかしさをどんなにか歎かれたことでしょう。だが、「人を哀れみ、悲しみ、育《はぐく》む」聖道の慈悲は行き詰まっても、浄土に生まれて仏になり、「思うがごとく衆生を利益《りやく》」できる浄土の慈悲・還相回向が誓われているとは…！　と、喜ばれました。

「**小慈小悲《しょうじしょうひ》もなき身《み》にて　有情《うじょう》利益《りやく》はおもふまじ　如来《にょらい》の願船《がんせん》いまさずは　苦海《くかい》をいかでかわたるべき**」〈わずかばかりの慈悲さえももたないこの身であり、あらゆるものを救うことなど思えるはずもない。阿弥陀仏の本願の船がなかったら、苦しみに満ちた迷いの海をどうして渡ることができるであろう《前掲書》という悲歎《ひたん》述懐《じゅっかい》和《わ》讃《さん》があります。その「有情利益はおもふまじ」の背後にこそ「人みなを救いたい」という聖人の内なる願いがありありと感じられ、如来の願船で浄土に往《い》ってこそ還相のはたらきに入らせてもらい、有情利益ができるという聖人ご自身の安心感が窺われるのです。

今一つ。聖人は、本願念仏に導いてくださった聖徳太子を「観音菩薩」の示現《じげん》と仰がれ、法然聖人を「勢至菩薩」の示現・「弥陀の顕現《けんげん》」とまで欽仰《きんごう》されました。また善導大師を「大心海《だいしんかい》」（阿弥陀仏）の化身であるとも和讃されています。仏・菩薩がこういう「師主知識《ししゅちしき》」になって私に「如来大悲・弥陀の本願」をお説きくださった・還相回向してくださったのだ。その「恩徳」は「ほねをくだきても謝すべし」と銘記しておられます。聖人自らが還相回向を受けられたお喜び、その恩徳にご報謝したいの思いに満ちておられます。

私たちが報恩講や年忌法要で仏事に遇いますが、その「仏事」とは「衆生を教化《きょうけ》する事業」のこと。宗祖や故人への「追善供養」やおまつりではありません。亡くなられた方がお浄土から還相回向され、我々を教化される「仏事」（仏さまのはたらき）なのです。こういう他の方々の還相回向という大悲に育てられ、促されてこそ、愚鈍で疑い深い「私」が往相回向の大慈（本願）を信じて念仏し、必ず仏と成る身と定まり、やがて無上涅槃に入らせていただける。「還相から往相へ」のご恩もあるのではないでしょうか。

「ただただ未來は　此の身ぢゃなく
ナムアミダブツの　身となって
ただ念仏の　身となって
あなたに語り　かけるのです
ナムアミダブツが　未來のわたし」

——木村無相

11　《和讃を味わう 七》この世からの救い

（令和元年『群萌』二一八号）

浄土に往《い》き無上の覚りを得させてもらうの（往相《おうそう》）も、また娑婆に還ってきて衆生に仏法を勧めるの（還相《げんそう》）も、ともに如来の御はたらき（回向《えこう》）でありました。ではこの世ではどうなるのでしょうか。親鸞聖人は、この世から救われる「正定聚《しょうじょうじゅ》」ということを喜ばれ、八首の和讃で示されています。その三例を挙げてみます。

(1)「真実信心うるひとは　すなはち定聚《じょうじゅ》のかずにいる　不退《ふたい》のくらゐにいりぬれば　かならず滅度《めつど》にいたらしむ」（浄土和讃）

《**定聚＝正定聚**：必ずさとりを開いて仏になることが決定しているもののこと。

不退＝不退転：仏になる身と定まった位から退くことがないこと。》

(2)「仏智不思議《ぶっちふしぎ》を信ずれば　正定聚《しょうじょうじゅ》にこそ住《じゅう》しけれ　化生《けしょう》のひとは智慧すぐれ　無上覚《むじょうかく》をばさとるなり」（正像末和讃）

《**化生**：真実信心の行者が、迷いの生を離れた真のさとりの境界に生まれること。

無上覚＝滅度：この上ない仏のさとり。》

(3)「聖徳皇《しょうとくおう》のあはれみて　仏智不思議の誓願に　すすめいれしめたまひてぞ
住正定聚《じゅうしょうじょうじゅ》の身となれる」（正像末和讃）

この三首を含め、八首全体の思召《おぼしめ》しをまとめてみます。

お浄土・安楽国に生まれたいと願う人は、この世から、必ず仏に成るという位（正定聚《しょうじょうじゅ》）につく。仏に成れない者（邪定聚《じゃじょうじゅ》）や、成れるかどうか分からない者（不定聚《ふじょうじゅ》）は、真実の浄土にはいないのである。それというのも真実報土に生まれるのは、罪深く煩悩でいっぱいの我々をそのままお救いくださる阿弥陀仏の不思議なご本願、「不思議の仏智」を信ずるからである。この「真実信心」こそ、現生で正定聚となり、報土に往生できる正しき因《もと》である。それも、我が力によるのではなく、釈迦如来・弥陀如来のみ教えの賜《たまもの》であり、インド・中国・日本の浄土念仏の高祖方、そして聖徳太子の御導き、お恵みのおかげによるものである。

こうして正定聚に入ったものは、もう迷いの暗黒界に後退することなく、この生終えるなり必ず浄土に生まれ、無上覚（滅度、涅槃）のさとりを得させていただく（化生《けしょう》する）。それはちょうど弥勒菩薩《みろくぼさつ》が次の生で仏になられるのと同じで、尊いことである。私、親鸞も聖徳太子のお恵みで、今この正定聚の身となっているのである。

傍線部(3)の和讃のこころ）をよく味わいたいと思います。親鸞聖人は、ただ念仏往生の原理を客観的に説かれているのではなく、ご自身のご信境を披瀝《ひれき》しておられるのです。

ですから、正定聚に入ると現生で十種の利益《りやく》があると教行信証（信巻）で挙げておられるのも、聖人ご自身のご実感でありましょう。

例えば、法然聖人よりいただかれた念仏は身についている（至徳具足《しとくぐそく》の益《やく》）、承元《じょうげん》の法難を乗り超えて関東布教ができた（転悪成善《てんあくじょうぜん》の益）、如来大悲・師主知識の恩徳は報じきれない―正信偈作成の趣旨（知恩報徳《ちおんほうとく》の益）など、みなご自分が身をもって感じておられた利益だといただいています。

また正信偈で「摂取心光常照護《せっしゅしんこうじょうしょうご》～雲霧之下明無闇《うんむしげみょうむあん》～即横超截五悪趣《そくおうちょうぜつごあくしゅ》」（和訳・・

摂取《すくい》のひかりあきらけく　無明《うたがい》の闇晴れ去るも　まどいの雲は消えやらで　つねに信心《まこと》のそら覆《おお》う　よし日の雲に隠るとも　下に闇なきごとくなり　信心よろこびうやまえば　まよいの道は截《た》ちきられ）とのお示しも、正定聚とは、もう煩悩が消えて凡夫が聖人《せいじん》になるのではなく、煩悩の雲霧があるまま、それを障《さわ》りとせず突き通し、お救いくださる浄土の光のたのもしさよ。煩悩あるまま、いや、煩悩あればこそお念仏を喜べる日暮しは明るい。もう迷いの境涯とは根切れするお浄土のおさとりへと、一日一日、お念仏しながら歩ませていただく。これが「正定聚」（この世からの救い）だよ、と味わわれているようであります。

お念仏・浄土の光は正にこの世の光です。

お光さまがきてくださると
こころのもやもやが　ひとりでに
ほぐれてゆくようで　ございます

榎本栄一『無上仏』

12《和讃を味わう 八》報恩講のルーツ

（令和二年『群萌』二一九号）

『親鸞聖人真蹟集成《しんせきしゅうせい》』によると、『浄土高僧和讃　愚禿親鸞作』には、龍樹菩薩十首、天親菩薩十首、曇鸞和尚（菩薩）三十四首、道綽禅師（和尚）七首、善導禅師（和尚）二十六首、源信大師（和尚）十首、源空聖人二十首、合計「一百十七首」が讃《うた》われています。どの高僧方についても、それぞれの行跡と教義が讃えられていますが、特異的に曇鸞大師については、その行跡・奇瑞の讃嘆が約半数の十一首と多く、源空讃においては、二十首すべてが恩師法然聖人のお徳・ご事績の讃嘆ばかりであります。

「智慧光のちからより　本師源空《ほんしげんくう》あらはれて　浄土真宗をひらきつつ　選択本願《せんじゃくほんがん》のべたまふ」と、聖人の本地を「阿弥陀仏の智慧光」と仰がれ、

「曠劫多生《こうごうたしょう》のあひだにも　出離《しゅつり》の強縁《ごうえん》しらざりき　本師源空いまさずは　このたびむなしくすぎなまし」と、この恩師法然聖人にお遇いできたればこそ、このたびの生涯を空しく終わらないですむとは、何という強縁であろうかと讃嘆され

ます。

やがて源空章の終わりでは、

「本師源空のをはりには　光明紫雲《しうん》のごとくなり　音楽哀婉雅亮《おんがくあいえんがりよう》にて
異香《いきよう》みぎりに映芳《えいほう》す」と、聖人ご往生の奇瑞を詠嘆されます。そして注目すべきが最後の和讃。

「本師源空命終時《ほんしげんくうみようじゆうじ》　建暦第二壬申歳《けんりやくだいにじんしんさい》　初春下旬第五日《そしゆんげじゆんだいごにち》　浄土《じようど》に還帰《げんき》せしめけり」

なんと法然聖人が往生された年月日が和讃になっているではありませんか。聖人の御生涯のしめくくりとして格好の結讃ではありましょうが、そこには何かそれ以上の和讃作成のご意図を感じるのです。「これほど広大なご恩徳をいただいた恩師源空聖人のご命日は、和讃にし、口に誦《ず》しても忘れてはならない―この愚禿親鸞も、同じ法然聖人のご門弟らも…」と仰っている気がするのです。

親鸞聖人が「念仏の訴へ」に関して性信《しようしん》御坊に宛てた御消息の中で、「**聖人**（法然）**の二十五日の御念仏も…**」と書かれてあるように、関東のお弟子たちはみな、毎月二十五日、法然聖人のご命日に寄りあって念仏（集会）を励行していたようです。

親鸞聖人ももちろん京都におられて、二十五日の御念仏は欠かされなかったでしょう。聖人にしてみれば、「ただ念仏して弥陀にたすけられまゐらすべし」とご教化くださった法然聖人こそ、「浄土真宗」を開かれたのであり、関東の御同朋もその法然聖人のお弟子といえよう。親鸞はただ、あまた数ある法然聖人のお弟子の中で、まさしく恩師の正信念仏の御意《おこころ》をいただくことができた。つまり、「ただ念仏して救われる」との真意は、「本願名号正定業《ほんがんみょうごうしょうじょうごう》」。「如来の全生命をかけた本願が成就した証《あかし》が南無阿弥陀仏の名号である、だからこそ、その名号の喚び声を聞き、慶《よろこ》んで称えるまがが、迷いを離れてさとりに至らしめてくださる如来の御はたらきそのものであると私はいただいた。この〝専念正業《せんねんしょうごう》の徳〟をみなさんに伝えるばかりである」とのお立場だったのです。ですから、「一月二十五日」は、親鸞聖人が法然聖人へのご報恩銘記の日であったのです。

その親鸞聖人は、弘長二年（一二六二）十一月二十八日、九十歳で「念仏の息絶えましまし」畢《おわ》られました。御廟所が建てられ、毎年お弟子方が報恩の気持ちでお参りになる。やがて覚如上人が『報恩講私記』を書かれてから、その日が正式に「御正忌報恩講」となり、覚如上人の長男存覚上人が書かれた『嘆徳文』には「年忌《ねんき》、月忌《がつき》、本所報恩《ほんじよほうおん》のつとめ懈《おこた》ることなく」お弟子方が盛んに参詣されるとあります。

蓮如上人は『御文章』や『御俗姓』で「一七ヶ日報恩講」の大切さを諄々《じゆんじゆん》とお説きになり、以後本山を始めとし、広まった真宗の寺院・門徒の間では年中最大の仏事として「報恩講」（ほんこさん）が定着してきました。

この「報恩（講）」の遠いルーツは、すでに親鸞聖人が「浄土真宗の宗祖」と仰がれた法然聖人のご命日「一月二十五日」を和讃に銘記されたことにあるのだと、ひとり味わっている次第です。法然⇒親鸞の揺るぎない太い信脈を「ほんこさん」に偲んでいます。

13　《和讃を味わう 九》念仏ひろまれ

（令和二年『群萌』二二〇号）

法然聖人、親鸞聖人に対する報恩の思いは、現生十種の益の第八「知恩報徳《ちおんほうとく》の益《やく》」ですが、それは、第九の「常行大悲《じょうぎょうだいひ》の益」につながります。二首の御和讃で味わいましょう。

(1)仏慧功徳《ぶってくどく》をほめしめて　十方の有縁《うえん》にきかしめん
　信心すでにえんひとは　つねに仏恩《ぶっとん》報ずべし（浄土和讃）

〈阿弥陀仏の智慧と功徳をほめたたえ、すべての世界の縁あるものに聞かせよう。すでに真実の　信心を得ている人は、常に仏のご恩に報いるがよい。（『三帖和讃現代語訳』）〉

(2)他力の信をえんひとは　仏恩報ぜんためにとて
　如来二種の回向《えこう》を　十方にひとしくひろむべし（正像末 聖徳讃）

〈他力の信心を得ている人は、仏のご恩に報いるために、往相《おうそう》・還相《げんそう》の回向による

阿弥陀仏の　はたらきを、すべての世界にあまねくひろめるがよい。（前掲書）〉

どちらの和讃にも、まず「信心を得ているような（「えん」の意味）人なら」と呼びかけがあります。「真の念仏者なら」と抑《おさ》え、その自覚を促されているようです。

次に、阿弥陀仏の智慧と功徳、つまり浄土に往生するのも、この土に還ってきて有縁を救うのも、如来のはたらき（回向）による。その尊いお救いのはたらきをほめ讃え、とき聞かせ、**十方あらゆる世界の人々に、念仏を弘めるがよい。そのことが真に仏恩に報ずることになるのである**と明言されています。

「自信教人信《じしんきょうにんしん》　難中転更難《なんちゅうてんきょうなん》　大悲弘普化《だいひぐふけ》　真成報仏恩《しんじょうほうぶっとん》」（自ら信じ、そして人に教えて信じさせることは、難《むずか》しい中でもとくに難しい。**仏の大いなる慈悲によって広く人々を教え導くことは、まことに仏の恩に報いることになる**）という、親鸞聖人が『教行信証』で二回引用の善導大師の偈文《げもん》のとおりです。

要するに、真の念仏者のつとめは、自らが救われているよろこびにご恩報謝することであり、その**仏恩報謝とは**具体的にいえば、阿弥陀如来のお救い・本願名号のはたらき・**お念仏を、十方世界に弘めること**。そのことが、常行大悲の益（如来さまの大悲が弘まるお手伝いをさせてもらえる）ということです。

この「念仏ひろまれ」の実践には、これまで数多《あまた》の僧侶、学者、門信徒が精進され、それぞれ成果を挙げてこられたことでしょう。

そのお一人が、「海を渡る五条袈裟」（群萌二一七号）で紹介されている沼田恵範《ぬまたえはん》師です。デュッセルドルフに「恵光寺《えこうじ》」を建てられたばかりでなく、仏教伝道協会を創設し、私財を投じ仏教伝道に尽力されました。『仏教聖典』を世界中のホテルに頒布し、現在、各国語に翻訳された『仏教聖典』が『聖書』と並び世界五六ヶ国、一万店以上に置かれ、配布総数は九八〇万部にものぼるといいます。また仏教の原典『大蔵経』英訳の発願、仏教伝道文化賞の設立、ワシントンD.C.など全米各都市に仏教寺院を開設、バークレー仏教翻訳センターの開設やハーバード大学など主要大学に仏教講座を開講等、実に目覚ましい「仏法ひろまれ」の活動をされました。広島の浄土真宗浄蓮寺の三男に生まれられたことがその熱誠の根にあったのでしょう。「遺弟《ゆいてい》の念力《ねんりき》」

という言葉を想起します。

そう言えば、日本で初めて電子顕微鏡を製作された東昇《ひがしのぼる》先生は、また大の念仏者でした。「自然科学者である前に一人の人間であります」「私の生の総決算はただ念仏であった」との信念のもと、講演や著述で活躍されたその根っこには、お母さんが居られました。「生まれて初めて耳にした言葉は、けささんのお念仏だよ。けささんの背中でお念仏を聴きながら育ったんだよ」と、嗚咽《おえつ》しながらよく語られたそうです。

あなとうと　不可思議光のこのいのち
生きなん今日も　拝んで燃えて

平澤　興（八八歳）

京都大学総長・解剖学者であった平沢興先生も母親育ての念仏者でした。

私たちも一人ひとり、それぞれの立場でお念仏をよろこび、お念仏をひろめてまいりましょう――〝拝んで燃えて〟――ご縁あるままに。

14 《和讃を味わう 一〇》現世の利益（上）

（令和二年『群萌』二三二号）

親鸞聖人の書かれた和讃は、ご存知のように三帖にまとめられ、第一帖が『浄土和讃』です。その名のとおり浄土三部経に関する和讃が大半ですが、終わりになってから、「現世利益和讃」十五首が出てきます。

めくっていくと「南無阿弥陀仏をとなふれば　この世の利益《りやく》きはもなし　流転輪廻《るてんりんね》のつみきえて　定業中夭《じょうごうちゅうよう》のぞこりぬ」（後述の(4)に相当）のように、「念仏すると〇〇の利益が得られる」という和讃がほとんどです。

これはよい。今の時代ご利益を求めて、合格祈願とか病気平癒とかを願う人が多い。こういう和讃を勧めたら？と一瞬思うが、何かひっかかる。親鸞聖人ご自身が「かなしきかなや道俗《どうぞく》の　良時《りょうじ》・吉日《きちにち》えらばしめ　天神《てんじん》・地祇《じぎ》をあがめつつ　卜占祭祀《ぼくせんさいし》（占いや祈祷）つとめとす」（悲嘆述懐和讃）と言われているではないか。では今の現世利益和讃はどう解釈すればよいのか？疑問に思い、宝典に窺うと分かりました。

「現世の利益は、祈祷して得るものではなく、本願を信じ念仏して仏になる身（迷いを離れて浄土のさとりを得る身）と定まれば、求めずして得られる利益である。ちょうど米を得ようと稲を育てれば、米を得たとき藁《わら》もひとりでに得られる。念仏して後生《ごしょう》を願えば、望まず祈らないのに自然に現世の利益がついてくる。さらに深まれば現世だけでなく、後生の大利益に連なる現生《げんしょう》の利益となる」（柏原祐義『三帖和讃講義』取意）とのことです。

この線で十五首の現世利益和讃を原文・和訳まぜながらざっと読んでまいりましょう。十五首は(1)～(2)、(3)～(4)、(5)～(12)、(13)～(15)の四部類に分れるようです。

(1)阿弥陀如来来化《らいけ》して　息災延命《そくさいえんめい》のために　金光明《こんこうみょう》の寿量品《じゅりょうほん》　ときおきたまへるみのりなり〈阿弥陀仏が釈尊としてその姿を現し、災いをしずめて寿命をまっとうさせるために説き残されたのが、『金光明経《こんこうみょうきょう》』「寿量品《じゅりょうほん》」の教えである（『三帖和讃 現代語版』）〉

『金光明経』と『仁王経《にんのうきょう》』『法華経』とで「鎮護国《ちんごこく》の三部経」といわれる。

(2)の和讃では、比叡山を開かれた伝教大師《でんぎょうだいし》がその三経の精神で国を鎮護する。「(自然災害など)「七難を消滅するには南無阿弥陀仏を称うべし」と言われている。その護国の式文《しきもん》では、各天皇、皇后、大臣、道(例 北陸)、国(例 越前)、郡の名を読み上げ、その安泰《あんたい》を念じられるという、まさに真摯《しんし》な願いをたてられたのです。いみじくも親鸞聖人がお手紙の中で、「**世の中安穏なれ、仏法ひろまれとおぼしめすべし**」と仰せになっている。同じお心でしょう。

(3)**一切の功徳にすぐれたる　南無阿弥陀仏をとなふれば　三世《さんぜ》の重障《じゅうしょう》みなながらかならず転じて軽微《きょうみ》なり**〈あらゆる功徳に超えすぐれた南無阿弥陀仏を称える身になると、過去・現在・未来の重い罪もみな、必ず転じて軽くかすかなものとなる。(前掲書)〉

親鸞聖人の『信巻《しんかん》』には、金剛の信心を獲た人は「現生《げんしょう》」に必ず十種の益《やく》を得るとある。信心によって現生から正定聚《しょうじょうじゅ》(必ず仏に成る身)となり、臨終の瞬間に(次の生《しょう》で)大般涅槃(仏のさとり)を得させていただく、と言う意味です。だから「現生」と「現世」（この世だけ）とは微妙に違います。

そして現生十種の益の第三に「転悪成善《てんあくじょうぜん》の益」（悪を転じて徳と成す利益）とあり、ここでも「転じて」がキーワード。「転ずといふは、善とかへなすをいふなり。もとめざるに一切の功徳善根を仏のちかひを信ずる人に得しむるがゆゑに、しからしむといふ」（『唯信鈔文意』）。衆生が求め・祈願しないのに、光明・名号のはたらきによって不思議にも罪悪・災害の愚痴が、現に今から救われている身の喜びに変わる・転じられていくのです。

前にも引用した〝お光さまがきてくださると　心のもやもやが　ひとりでに　ほぐれてゆくようでございます〟（榎本栄一）との味わいの通りです。

冒頭(4)の和讃は「南無阿弥陀仏を称える身になると、この世で得る利益は果てしない。迷いの世界を生まれ変わり死に変わりし続ける罪も消え、寿命に限りがあることや、その途中で死んでしまうという恐れも断ち切られる」と言う意味。生死を超える念仏の徳です。

15《和讃を味わう 一一》現世の利益（下）

（令和二年『群萌』二二二号）

現世利益和讃の中核⑸~⑿には、いろいろな神々―天の神、地の神、水の神、死の神、生の神―が念仏者を守護されると説かれます。その最初から六首はみな「**南無阿弥陀仏をとなふれば…**」で始まっています。

⑸**南無阿弥陀仏をとなふれば　梵王《ぼんのう》・帝釈《たいしやく》帰敬《ききよう》す　諸天善神《しよてんぜんじん》ことごとく　よるひる**つねにまもるなり〈南無阿弥陀仏を称える身になると、梵天王《ぼんてんのう》と帝釈天《たいしやくてん》も帰依し敬う。その眷属《けんぞく》である神々もみな、昼夜を問わず常に護るのである。（前掲書）〉

梵天王《ぼんてんのう》も帝釈天《たいしやくてん》もインドの神で仏法を護る善神です。

⑹の四天王《してんのう》は帝釈天に仕えて仏法を守護する神々。夜昼つねにあらゆる悪鬼《あつき》を近づけないといいます。⑸⑹は天の神。

⑺…堅牢地祇《けんろうちぎ》（大地の神々）が念仏者を昼夜、影のように寄り添い護るという。

⑻…難陀《なんだ》（竜王）や跋難陀大竜《ばつなんだだいりゆう》（竜王）など無数の竜神が日夜念仏者を護る。竜神《りゆうじん》

とは「水の中にすみ、水や雨を支配するという、竜の形をした神」です。

(9)…炎魔法王《えんまほうおう》（死後、人間の生前の善悪を審判・懲罰するという地獄の主神）が念仏者を尊敬し、五道《ごどう》の冥官《みょうかん》（炎魔の下で罪を裁く地獄の役人たち）もみなともに、日夜念仏者を護るという和讃。

(10)…他化《たけ》（自在《じざい》）天《てん》の大魔王が釈尊の前で、念仏者を護ると誓ったという。他化天とは、欲界六つの天の最上で、この天は他人の享楽を自由自在に自分の楽として受けるという。だから魔王といわれ、多くの眷属をひきいて仏道の妨げをする。しかしその大魔王が護法を誓ったというのですから、念仏の功徳の不思議さが思われます。

先の炎魔法王を「死の神」とすれば、欲界の大魔王は「生の神」と言える。しかし「魔王」です。現代は「生の享楽」を貪り求める時代ですが、その反面、産業・生活廃棄物による海洋汚染、地球温暖化、新型ウイルス、コンピュータウイルス、麻薬、ギャンブル依存症、等の障害が起きている。魔王の忍びよるよりしろです。

念仏の光に遇っている人は、ご恩の世界が見えている。便利な「チン」ひとつで快適な食事ができるときも「もったいない、ナンマンダブツ」と感謝する。こうして欲楽に溺れず、安楽を当然とはしない者には、魔王のつけ込む余地がない。釈尊が成道される前の「降魔《ごうま》」もそのこと。悪魔はその正体（煩悩・欲望）を見破られたときその魔力は消散し、却《かえ》って仏・念仏者の徳に帰服し、護るのです。

⑾こうして、「天地の大いなる神々は、みな**善鬼神**《ぜんきじん》と申しあげる。これらの神々はみなともに、念仏する人を護るのである」と詠《うた》われますが、神が「善鬼神」となるのは、「念仏行者の功徳」があるからでしょう。

⑿は「天地に満ちている悪鬼神《あっきじん》」であっても、願力不思議の信心をえて、大いなるさとりを得ようとしている念仏者には、みなそろって畏《おそ》れをなすのである」との和讃です。

以上は、神々（善神、鬼神、魔神）の尊敬・守護でしたが、最後の三首は仏・菩薩の護念―現世利益の結論であり本旨です。

⒀〈南無阿弥陀仏を称える身になると、観音菩薩と勢至菩薩は数限りない菩薩方とともに、影のようにその身に付き添ってくださる。〉

⒁〈何ものにもさまたげられない阿弥陀仏の光には、数限りない化身《けしん》の仏がおいでになり、みなそれぞれに真実信心をお護りになるのである。〉

⒂南無阿弥陀仏をとなふれば　十方無量の諸仏は　百重千重囲繞《ひやくじゆうせんじゆういによう》して　よろこびまもりたまふなり〈南無阿弥陀仏を称える身になると、すべての世界の数限りない仏がたは、百重にも千重にも取りかこみ、喜んでお護りになるのである。〉

親鸞聖人の現世利益和讃は、単なる経文の紹介ではなく、聖人のご体験からの頷《うなず》きが感じられます。六角堂で告命《ごうみよう》された観音菩薩は「化仏」、箱根の権現《ごんげん》も「天神・地祇」の現れだった…等と。『信巻』で現生十種《げんしようじつしゆ》の益《やく》を喜ばれたのも同様なお喜びだったのでしょう。

16 《和讃を味わう 一二》仏恩報ずるおもい　（令和二年『群萌』二二三号）

「念仏の身とならないで　本願がわかるはずはない」という寺川俊昭師の言葉（『ともしび六一九号』）のメモがみつかりました。

正信偈に「憶念弥陀仏本願《おくねんみだぶつほんがん》（弥陀仏の本願を憶念すれば）」とあるのが、**心に**本願を頂く「信」であり、「唯能常称如来号《ゆいのうじょうしょうにょらいごう》（ただよく常に如来の号を称《みな》じて）」は、**身に**本願を頂く「行」だと云えよう。いみじくも『浄土文類聚鈔』には「如来本《にょらいほん》願顕称名《がんけんしょうみょう》（如来の本願、称名に顕《あらわ》す）」とある。本願がこの身に徹到《てっとう》したとき（心の髄まで、悪人のわれを救わんという如来の大悲が沁み通ったとき）称名となって本願が顕れてくださるという意味であろう―とのメモ書きです。

それを今ご和讃でいただけば、

「弥陀《みだ》の尊号《そんごう》となへつつ　信楽《しんぎょう》まことにうるひとは　憶念《おくねん》の心《しん》つねにして　仏恩報《ぶっとんほう》ずるおもひあり」でありましょう。（「信楽」は「信心」と同じ。）如来の尊号を称えるのは一回きりではない。本願の尊さを憶《おも》えば、何度となく称名する。その称名のたびに、本願の尊さがまた偲ばれ、また称名になる。

「み仏をよぶわが声はみ仏のわれをよびますみ声なりけり」（甲斐和里子）である。

その意趣を拙い七五調に詠んでみました。

「弥陀の尊号となへつつ」

一　六字のおいわれ聞いてみりゃ　地獄必堕《じごくひつだ》のお前をば
救わにゃ親のいのち無し　我にまかせて名を呼べと
必死に喚《よ》ばう弥陀の声

二　じーんと聞こえたこの胸に　光がさした常闇《とこやみ》に
あなあな嬉しや尊とやな　思わずひとり口に出る
ナムアミダブツ　南無阿弥陀仏

三　弥陀の尊号称えつつ　如来のまことが身にしみる
本願名号正定業《ほんがんみょうごうしょうじょうごう》　この信ひとつで涅槃《ねはん》とは——

仏恩憶《おも》いつ南無阿弥陀仏

ともかくも、お念仏を喜ぶ身にならなくて、どうしてご本願の尊さがわかったといえようか…これが寺川師の真意であります。

では、その「仏恩報謝」とは?

「如来大悲《にょらいだいひ》の恩徳《おんどく》は　身《み》を粉《こ》にしても報《ほう》ずべし　師主知識《ししゅちしき》の恩徳《おんどく》も　ほねをくだきても謝《しゃ》すべし」

親鸞聖人は弘長《こうちょう》二(一二六二)年十一月二十八日、九十歳でご入滅になりましたが、最期まで「口に世事《せいじ》をまじへず、ただ仏恩のふかきことをのぶ」と御伝鈔にあります。遡《さかのぼ》って聖人の御一生は二十九歳で一変します。迷いを離れるには煩悩を断たねばならない、しかし「いづれの行」もできないこの身は地獄一定の他なしと、絶望の最中に一転、「ただ念仏して弥陀にたすけられまゐらすべし」との法然聖人のみ教えに生死出《いず》べき道が開けたのです。如来の大悲に遇われたのでした。「もし源空聖人がおられなければ、このたびの生涯もむなしく過ごしたことであろうに」と、得がたい〝生まれ甲斐〟を得られたのです。

ですから、親鸞聖人の後半生は「ああ、弘誓《ぐぜい》の強縁《ごうえん》、多生《たしょう》にも値《もうあ》ひがたく、真実の浄信《じょうしん》、億劫《おっこう》にも獲《え》がたし」の感慨に根ざし、「如来大悲の恩徳」と、それを伝え・教えて頂いた「師主知識の恩徳」の報謝に貫かれています。その報謝の行は、聖人の「自信・教人信」に顕著。まず常に「弥陀の尊号となへつつ、仏恩報ずるおもひあり」と自らの称名報恩に勤しまれたことはもちろん、「仏恩の深遠《じんのん》なるを信知して」作られた「正信念仏偈」を含む『教行信証』を始め、多くの『和讃』や仮名聖教、御消息など、すべて正信念仏・如来二種の回向の真意を「人に教えて信ぜしむ」（教人信）のご活躍でありました。報謝行の御一生であったのです。

今時、「恩」は死語になっている…その文字は人名以外に紙面で見かけないようですが、人のいのちは天地自然の大いなるお恵みに生かされている。人の心は教えの光で明るくなる。ましてや、迷いの我々に仏のさとりを得させてくださる本願念仏の恩徳は、粉骨砕身《ふんこつさいしん》すべきであります。自ら念仏し、念仏の声を弘めて行きましょう。

四 法話

法話1 百日聞法会 （平成二十一年五月九日 於大分県宇佐市 勝福寺にて）

不思議ということ

越前市 了慶寺 藤枝宏壽

◎「いつつの不思議をとくなかに　仏法不思議にしくぞなき
　仏法不思議といふことは　弥陀の弘誓になづけたり」（高僧和讃 曇鸞章）

一 親鸞聖人と「不（可）思議」

◇親鸞聖人は「不思議」「不可思議」を重視された方です。正信偈の「南無不可思議光」、浄土和讃冠頭の「誓願不思議をうたがひて…」、歎異抄冒頭の「弥陀の誓願不思議にたすけられまゐらせて…」など、御著書の中で「不（可）思議」を一七六回も使用されています。（因みに「他力」は一一九回、「願力」は九九回です）この「不思議」という思想は法然聖人の著述には殆ど見当たりません。親鸞聖人独特の洞察点であるようです。そこで、本日はこの「不思議ということ」について、皆さんとともに暫くの間味わいたいと思います。

二　五つの不思議

ご讃題の最初に、「五つの不思議」と出ていますが、これは①衆生多少不思議（この世の生き物の多いこと）、②業力不思議（各人の業の力により受ける果報が千差万別）、③竜力不思議（竜神がおこす風雨・自然現象の不思議）、④禅定力不思議（禅定・精神統一により神通を現す不思議）、⑤仏法力不思議（仏法の力により衆生にさとりを開かせる不思議）のことです。

三　いのちの不思議

まず第一の衆生多少不思議を「いのちの不思議」といただき、これを三つにわけて味わってみましょう。

（一）いのちの歴史の不思議

無量寿経の四十八願中、第五に「宿命通《しゅくみょうつう》」の願が出ます。浄土の菩薩となれば、自己や他人の過去の世の生存状態、つまり、過去のいのちを知ることができるということです。

村上志染という農民詩人にこういう詩があります。

☆「方一尺の天地、水馬《みづすまし》しきりに円を描ける

汝 いづこより来たり

いづれに旅をせんとするか

ヘイ 忙しおましてナー」

自分のいのちが何処から来て、何処へいくのかという、大切な問題をそっちのけにして、ただあくせくと、目先のことに走り回っている人間凡夫の迷妄の相を憐れんでいる詩ですが、「汝、いづこより来たるや」とは宿命を問うているのであります。

さあ、皆さんはどうお答えになられましょうか。当然、私たちのいのちは両親から

きたものですが、その両親は、またその両親から…といのちはずっと昔から連綿として伝わってきています。どれほど前からでしょうか。

今日の科学者の話によりますと、我々のいのちの元は、三六億年ほど前に地球上にひとつの生命が誕生したときだそうです。一つのいのちの細胞が、二つになり、四っつになり、とだんだん、分裂増殖していき、やがて、植物から動物になり、そしてやがて人間にまで進化してきたのだといいます。

それで現在、この地球上にはどれくらいの生物の種に進化したのでしょう。中村桂子先生のご本によりますと、なんと三千万種あるといいます。ということは、たった一つのいのちが、日本人口の四分の一という膨大な数の種類に分かれてきた。その一つの種が人間である。となれば、単純計算ですが、最初のいのちが人間に進化するまでに三千万回の枝分かれをしてきたとになります。つまり人間という種に生れてくるには、三千万分の一という確率であったといえないでしょうか。

さあ、そこでヒトという種まではたどり着いたとしても、まだ私という個体は生れることができません。父と母がなければ生れられない。今はもう小学生でも教えられているようですが、母親からでた一つの卵子に、父親から出た精子が合体し、受精して初めて子供のいのちが始まるというのですが、どっこい、そう簡単にはいきません。精子は一回に約一億個出るといいます。そして、その一億が競争して、先に卵子にたどり着いたものが受精する。残りの九千九百九十九万九千九百九十九の精子は闇から闇へと消え去ったのです。ですから、両親から私が生れるには、ここだけで一億分の一というきわめて薄い確率をくぐってきたことになります。

そうすると、三六億年昔からのいのちの歴史でいうならば、先の三千万分の一と一億分の一を掛けた確率、三千兆分の一という、気の遠くなるような厳しい関門をくぐって、私という一人の人間が、この世に生を受けてきたということです。三千兆分の一ということは、さいころを三千兆回ふって一回だけ当りがでるというほどむずかしいことです。(因みに一兆とは、一秒に一つ数えて、三万年余かかる数です。宝くじもなかなか当りませんが、ジャンボ宝くじ二億円があたる確率は一千万分の一だといいます。だから、私が人間として生れてきたことは、宝くじにあたるより三千万倍困難であったということになりましょう。）

これほど、私という人間としてのいのちをいただくまでには、気の遠くなるような分かれ道があったということ、私のいのちの歴史はきわめて波乱万丈であったということを、今日の生命科学は教えてくれます。

余りにも膨大な数字ばかり出てきて、皆さんも辟易なさったでしょう。頭で理解しなければならない知識です。しかし、その知識だけでとまってはなりません。そのことを心でいただく、そう聞いて「私というのちは並大抵のことで賜わったものではなかったのだ」という深い感動が心の中に起きる、これが智慧です。知識は智慧にまで深まらねばなりません。

吉川英治という作家は、わが子が生れたときこういう歌を詠んでいます。

☆やよあか子汝《な》れはいづちの旅をへて我を父とは　生まれきませし

「ようこそ、わが子よ、あなたはどこから、どのような旅をへて、私を父として生れておいでになったのですか」とこう赤子に語りかけている吉川英治氏は、「宿命《しゅくみょう》」をご存知だったのでしょう。わが子に「きませし」と尊敬の補助動詞を使っておられる。一人の人間のいのちが誕生するということは、並大抵のことではない。深い、深い因縁があったればこそ。まことに尊い人身をいただいたのだ。どうか仏法を聞く人になってほしいという願いも感じられます。

正に、「人身受けがたし、今すでに受く　仏法聞き難し、今すでに聞く」と大内青巒《せいらん》撰の帰敬の言葉にあるとおりです。人間に生まれることは、広い海の底にいる目の見えない亀が、百年に一度浮かび上がる時、海に浮かぶ一本の丸太の小さな穴に頭を入れることよりも難しい（「盲亀浮木《もうきふぼく》」のたとえ）のです。

源信僧都が「まづ三悪道を離れて人間に生まれたること大いなるよろこびなり」といわれたのも、同じように、人間としてのいのちを得られたことの喜び、いのちの歴史の不思議に手を合わさされている智慧の言葉に他なりません。「不思議」には頭が下がるのであります。

(二)　いのちのしくみの不思議

こうしていただいた尊いいのちは今も生きていますが、どのようなしくみで生きているのでしょうか。

これまた、生理学という科学知識の話ですが、最初の受精卵は細胞一個です。それが二つに分かれ、四つに分かれ…と、数多くの細胞分割をへて、頭から足の指まで、さまざまの組織・器官を具えた人間の形になるのだそうです。不思議だと思いませんか。どうして最初の一個の細胞から何百というそれぞれ違った組織ができてくるのでしょう。それは一つ一つの細胞の中にDNAという遺伝子があり、そのDNAに、おまえは目玉になれ、おまえは心臓になれ…というように、三〇億の情報の組み合わせで細かい命令が書かれている。その命令の全体、いのちの設計図が入っているのが、最近話題になっているES細胞のようです。そのES細胞がどんどん変化・増殖して、その生物のそれぞれの組織・器官になる。ヒトの場合、増殖の途中には竜の落とし子のような、あるいは蛙のように水かきがあるとか、いろんな生物の形態を経て、やがてヒトになると聞いています。

こうして出来上がった人体は、成人の場合、六〇兆という細胞からできている。脳細胞だけで一二〇～一四〇億。（因みに、脳細胞は、二十歳すぎたころから、毎日十万個ずつ死んでいき、再生しない…だから、加齢とともに、人の名前が出てこなかったりする。）こうして膨大な数の細胞がそれぞれ、分業をしながら、お互いに調和を保っているので、我々は健康でいられるのです。

皆さんは、夕べのおかずが何であったか、覚えておられますか？ともすると、何を食べたか忘れます。おいしいと舌で味わい、のどへ送ってしますと、もう後は知りません。胃袋でどのようにこなされ、腸でどのように吸収されて、我々の血や肉になっていくのか、全くおまかせです。消化器ばかりではありません。泌尿器系も、脳神経系も、循環器系もみなそうです。どの器官の細胞も忠実に自分の分を果たしています。決して、他の器官になろうとはしません。完全に分業していて、仲がいいのです。不思議ないのちの仕組みですね。

《例えば、何かで指を切ったとします。切れた部分の肉はとられたわけですが、手当てをすると、数日、一週間ぐらいで、もう元の状態にくっつきます。欠けたところに肉が再生されてくっつくのです。そこで、不思議なことに、再生されてきた肉が、元のところまでくるとちゃんと増殖が止まるのです。それは、隣の肉と話し合っているのでしょう。調和を保っているからです。

もし、増えるばかりで止まらなかったらどうします。隣と話し合わないと、止まるところを知りません。そういう細胞をガンというのだそうです。増えるばかり。人間社会でも、自分だけ増える、増やしていると、「あいつがガンだ、だからこの会がうまくいかないのだ」などと言われるようになりましょう。》

あるお寺の老坊守さんが百歳になられた。そのお祝いの席で、檀家総代さんが尋ねました。

「百歳というご長命、おめでとうございます。今どんなお気持ですか」と。すると

老坊守さんは合掌しながら、

☆「百年という長い間私の心臓様が一遍も休まずに動いて下さったことよのう」

といわれました。大事な言葉にお気づきでしょうか。「心臓様が」とおっしゃったのです。考えてみれば、私たちがこの世に尊いいのちをいただいてから、心臓は一時の休みもなく打ち続けてくださっているのですね。一分間に六十回の脈拍だとすると、百年間では三十一億五千万回動いたことになるのです。その一回も休まずに動きづくめです。こちらは寝ているときでも、醒めているときでも、怒っているときでも、愚痴をこぼしているときでも、何一つ不平もいわず、つらいともいわず、動きづくめのご苦労をしてくださっているのです。どうしても「心臓様」と拝まざるを得なかったのでしょう。詳しい数字のこと、知識の領域は知らずとも、「私を生かしつづけてくださいましてありがとう」と、この老坊守さんはいのちのしくみの不思議さを拝むという「智慧」をお持ちだったのです。

今一つ、こういう話もあります。今の内閣官房長官河村健夫氏のお母さんである河村とし子先生は、幼いときから熱心なキリスト教信者でありましたが、縁あって、山口県萩市方面の河村家の三男と結婚します。キリスト教は変えないとの約束だったといいます。ところが長男、次男が戦死などで亡くなり、三男が河村家を継がねばならなくなり、山口にもどることになりました。とし子さんは不本意でした。しかし、これも田舎の地にキリスト教をひろめよとの神さまの思召しだと思い、河村家に入りました。河村家は代々の熱心な浄土真宗です。毎晩、お内仏のおつとめがあります。それがすむと、とし子さんは舅さん、姑さんに「偶像崇拝は程度の低い宗教、キリスト教は…」などと宣教を始めます。すると姑のフデさんは、にこにこしながら聞いていて、「ようこそこんな婆に話しておくれたのう。ありがとう。ナンマンダブツ」と喜びます。とし子さんは拍子抜け。それに、二人も息子を亡くしたというのに、フデさんなどに暗さがない。いつもにこにこしてお念仏を喜んでいる。

このフデさんの深い信心、そして柔軟なすがたに、やがてとし子さんは脱帽し、お念仏の道を求め、遂に、浄土真宗の布教使にまで変わられたのです。

そのとし子さんに何人か子供がいた。その一人が学校でこのような詩を書いたといいます。

☆うちのおばあちゃんは　へんな人だ　ぼくにうんちさせて

　ありがとう　ごくろうさまって　おがみなさる

フデさんが孫をお便所につれていった時のことばでしょう。「ウンチ出たかね。よかった、よかった。ウンチさん、よう出ておくれた。ごくろうさまやったね。ナンマンダブツ」

どうでしょう。フデさんには医学のことも、生理学の知識もありません。しかし、ちゃんといのちのしくみの尊さを拝む智慧、念仏の智慧がおありだったのです。

ともすると「わがいのち」、「わが身体」と、いのちも身体も「わがもの」のように思い、私有化しようとしますが、髪の毛一本も、血液一滴も自分の「意思」でできたのではありません。本当に不思議なはたらきに生かされていることを、しみじみ感じることであります。

（三）いのちの支えの不思議

私たちのいのちには今一つの不思議があります。このいのちを支えているものは何でしょうか。具体的に紙芝居で味わってみましょう。

「いただきます」

①「りんーりんーりんー」ルンビニ幼稚園《ようちえん》のベルがなりました。みんなが待《ま》っていた給食《きゅうしょく》の時間《じかん》です。さくら組《ぐみ》のお部屋《へや》では、「さあみなさん。給食《きゅうしょく》ですよ。手《て》をあわせてみんなで『いただきます』をしましょうね。」と、今年三月《ことしさんがつ》に大学《だいがく》を出てきたばかりの若い花山先生《はなやませんせい》がいいました。そのとき、健太《けんた》くんが手《て》をあげて「せんせい、なんで『いただきます』っていうのですか」と、ききました。

「えっ？　なんですって…？」花山先生《はなやませんせい》は健太《けんた》くんの質問《しつもん》にびっくりしました。そして心《こころ》の中《なか》でいいました。〈なんで『いただきます』いうかって、そんなことききまっているじゃないの。ご飯《はん》のときは、そういうものよ。でも、ほんとはなぜだろう。あれ困《こま》ったわ。どう言《い》ったらいいかしら？〉花山先生《はなやませんせい》は困《こま》った顔《かお》で、廊下《ろうか》のほうを見《み》ました。

② そのときです。白《しろ》いエプロンに、白《しろ》い帽子《ぼうし》をかぶった給食《きゅうしょく》のおばさんたちの姿《すがた》がみえました。あっ、そうだ、花山先生《はなやませんせい》のあたまがひらめきました。「あのね、健太《けんた》くん。それはね、給食《きゅうしょく》のおばさんたちがいっしょうけんめい、おいしいご馳走《ちそう》を作《つく》ってくださったでしょう。だから『ありがとうございました。いただきます』っていうのよ。わかったぁ？」

③ 健太《けんた》くんは「給食《きゅうしょく》のおばさんになんでお礼《れい》を言《い》うのか…」とぶつぶつ言《い》いながら、まだ納得《なっとく》がいきません。「でも、せんせい。うちのママ、このあいだ給食費《きゅうしょくひ》を六千円《せんえん》もってきたよ」花山先生《はなやませんせい》「…えっ？ それがどうしたの、健太《けんた》くん」「だって、

お金《かね》はらったんだから、お礼《れい》いわなくてもいいんじゃないんですか」と、健太《けんた》くんはいいます。

花山先生《はなやませんせい》「…」花山先生《はなやませんせい》はまたまた困《こま》ってしまいました。そして顔《かお》が真《ま》っ赤《か》になりました。さくら組《ぐみ》の子《こ》どもたちは給食《きゅうしょく》を前《まえ》にしてみんな待《ま》っています。

④　このようすを先《さき》ほどから園長先生《えんちょうせんせい》が後《うし》ろでみておられましたが、前《まえ》に出《で》てこられて
「健太《けんた》くん。いい質問《しつもん》だね。ところでね、健太《けんた》くん、君《きみ》のママはお金《かね》を払《はら》ってないよ」と、園長先生《えんちょうせんせい》はニコニコしながら、健太《けんた》くんやみんなの顔《かお》をみて言《い》いました。
健太《けんた》くん「はらったよ。はらったの、ぼくみていたもん」
園長先生《えんちょうせんせい》「いいや、払《はら》ってないよ」
すると、ぱっと立《た》ち上《あ》がった健太《けんた》くんは、大《おお》きな声《こえ》で言《い》いました。「はらったってば。ぼくうそなんかいわないよ」そういうと、泣《な》き出《だ》しそうな顔《かお》になりました。

⑤ 園長先生《えんちょうせんせい》は健太《けんた》くんのそばに近《ちか》づくと「それじゃ、健太《けんた》くん、聞《き》くけどね、いま、健太《けんた》くんのまえにおいしそうなお魚《さかな》があるでしょう。そのお魚《さかな》にママはいくらお金《かね》をはらったかな？」

健太《けんた》くん「えっ…」

園長先生《えんちょうせんせい》「そのお魚《さかな》は、いくらお金《かね》をもらったかなぁ？」

健太《けんた》くん「ぼくそんなことしらないよ」と、健太《けんた》くんはお魚《さかな》をにらみつけました。

園長先生《えんちょうせんせい》「じゃ、みなさんに聞《き》きます。みなさんの前《まえ》のお魚《さかな》はいくらお金《かね》をもらったでしょうか」

園長先生《えんちょうせんせい》はさっきとおなじニコニコ顔《がお》でみんなにたずねました。みんなも、健太《けんた》くんのように「えっ」と、不思議《ふしぎ》な顔《かお》になりました。

⑥ 園長先生《えんちょうせんせい》「そうだ。だれも知《し》らないよね。知《し》らないはずだよ、お魚《さかな》は、一円《えん》ももらっていないんだもの。お魚《さかな》はね、ただで自分《じぶん》のいのちをさしだ

して、さあ、健太《けんた》くん、彩乃《あやの》さん、ぼくの身《み》をたべておおきくなってちょうだいっていっているんだよ。そのとうとい、ただでさしだされたいのちだから、『ありがとうございます。いただきます』っていうんだよ。どうだね、わかるかな？」

⑦

健太《けんた》くん「わかった。このおさかなは、自分《じぶん》のいのちをくれたんだね」

園長先生《えんちょうせんせい》「そうなんだよ、健太《けんた》くん。たいへんなことだよ。一《ひと》つしかない自分《じぶん》のいのちを、さしだすなんて、そんなこと、なかなかできないからね」

彩乃《あやの》さん「えんちょうせんせい。それじゃ、このえびも一《ひと》つしかないいのちをくれたの」

園長先生《えんちょうせんせい》「そうなんだよ。とても大切《たいせつ》ないのちをさしだしてくれているんだよ。だから、その尊《とうと》いいのちに感謝《かんしゃ》して『いただきます』をいうの。みんなよくわかってくれたかね」

さくら組《ぐみ》のみんなは、大《おお》きくうなづきました。

これは、山口県美祢市の波左間正己先生の御法話で聞いたものを紙芝居にしたものです。話はまだ途中です。「魚は一円ももらってない」といいますが、マーケットでは代金をちゃんと払います。そのお金はどこへいくのでしょうか。みな、人間の手間代なのです。魚を釣ってきた人、運んできた人、売る人、料理する人…。食料となってわたし達を生かしてくれる魚そのものは一円ももらっていないのです。魚だけではありません。肉も卵も、野菜も、お米も。いただくいのちそのものには一円も払っていません。全く無償のいのちなのです。天地のお恵みなのです。考えてみると、水も空気も、そして、石油も木材も、みな同じ。値段がついているのは人間の手間代なのでした。

木村無相さんという念仏詩人はこううたっています。

☆たなの上に　ネギが　大根が　人参が　じぶんの出を待つように
　ならんでいる　こんなおろかな　わたしのために

米沢英雄先生は

☆吹けばとぶ　このいのちを生かすのに　天地宇宙総がかり

と感嘆しておられます。

言われてみると、本当に人間は自分で生きているのではなく、生かされているのでした。

無償のいのちをいただいて生かされているのでした。いのちの支えの不思議です。

こうしてみますと、我々のいのちの歴史も、しくみも、支えも、みんなみんな、不思議としかいいようがありません。不思議と聞いたら頭が下がります。手が合わされます。お念仏が申されます。

◎「元日や　今日のいのちに　遇う不思議」

と木村無相さんの有名な句がありますが、毎日毎日このいのちの不思議に遇わせていただきましょう。

二　仏法不思議…弥陀の弘誓（「弥陀の誓願不思議」）

（一）仏法不思議とは？

前席では、「いつつの不思議」の中の最初、衆生多少不思議を「いのちの不思議」といただき、その味わいをいたしたことですが、その尊い、不思議なご縁で生かされているいのちが、本当に「活かされる」のは「仏法不思議」に出遇わせてもらうことである、「仏法不思議」にまさる不思議はないとの仰せです。

その「仏法不思議」とはどういうことでありましょうか。

☆福井県には蓮如上人で有名な吉崎というところがあり、つい十日ほど前、蓮如忌がおつとまりでした。

蓮如上人がこの吉崎におられた頃のこと、ある日、いつもお傍にいた法敬坊《ほうきょう》が蓮如上人に言われました。「この間、何某の家で火事がありまして、お上人さまが書いておあげになった六字のご名号も焼けました。みんなが見守っていますと『南』『無』『阿』『弥』『陀』『仏』という六体の仏さまとなって空に舞い上がっていかれるので、皆が不思議だ、不思議だと手を合わせて拝んだといいます。なんと不思議なことでございましょう」と申上げたら、蓮如上人は、「それは不思議でも何でもない。南無阿弥陀仏はもともと仏さまじゃ。仏が仏になるのは不思議ではない」と仰る。怪訝な顔をしている法敬坊に上人は「不思議というのはな、お前やわしのような悪凡夫が、弥陀をたのむ一念で仏に成ることをこそ不思議というのじゃ」と仰せになったということです。(『御一代記聞書』本　七七)

仏法不思議ということは、凡夫が仏になることだとのお話です。でも、どうして凡夫が仏になることが不思議なのでしょうか。死んだらみんな仏になるというじゃありませんか、こういう質問が出そうですね。

（二）凡夫・煩悩

まず「凡夫」ということから抑えてみましょう。

親鸞聖人は「凡夫というは、無明煩悩われらが身にみちみちて、欲も多く、いかり、はらだち、そねみ、ねたむ心多くひまなくして、臨終の一念にいたるまで、とどまらず、きえず、たえず」と仰せられています。煩悩が我等凡夫の「身にみちみちて」とは、ちょうど血液のようなもの、生きているかぎり身体から血液を取り除くことはできないように、凡夫は煩悩と一体になっているということです。

人間、いくつになっても欲はなくならず（貯金通帳は後生大事）、瞋《いか》り腹立つ心やまず（一言悪口を言われれば腹が立つ）、そして昔のことばかり思い出して愚痴をいう。それは、我々の根っこに、平生気づかないところに我執・自己愛があるからです。

榎本栄一さんの詩に

「わたしの中　のぞいたら

お恥ずかしいが
だれよりも自分が
一番かわいいという思い
こそこそ　うごいている」

というのがあります。だれでも「自分が一番かわいい」のです。しかしその思いは普通、意識の下に隠れています。

例えば、今日、ここで皆さんの記念撮影があったとしましょう。数日後、その写真が配られてきたとします。はい、その写真を手にしたとき、真っ先にどこを見られますか。……

自分の顔ですね。何十人いても、ぱっと目に入るのは、我が顔です。生れてからこの方ずっと見慣れてきた、何とも可愛いわが顔です。「一番かわいい自分」に目が行きます—無意識に。榎本さんは、そのところを巧みにも「こそこそ動いている」と表現されました。

　こういう見えないところに潜んでいる自我愛・自己中心的心、これを仏教では我執といい、煩悩の親玉なのです。

いみじくも、木村無相さんは、「ぼんのうよ」という詩で

ぼんのうよ――
わたしが　わるいのだ
ぼんのうは　わたしの　いうまま
ぼんのうは　わたしの　おもうまま
ぼんのうよ――
わたしが　わるいのだ

と告白しています。その「わたし」というのが、意識の下に潜んでいる「我執」のこ

と、自己愛のことです。唯識でいう末那識《まなしき》です。

この我執があるために、欲をおこせば我欲となり、この我執あるために、人から攻撃されれば反射的に牙をむくのが、わたしの実態であります。毎日、新聞の三面記事にでるいろんな犯罪やら不祥事、醜聞などは、みなこの我執・煩悩が噴出した結果です。自分が一番可愛いという思い、これが諸悪の根源なのです。他人のことではなく、この私の中にその思いがとぐろを巻いているのです。親鸞聖人は「悪性《あくしょう》さらにやめがたし　心は蛇蝎《じゃかつ》のごとくなり」と悲歎されています。正に「臨終の一念に至るまで、とどまらず、きえず、たえず」と一生涯、この煩悩とは離れられないのが凡夫の実相、私の正体なのであります。

(三)　仏・涅槃への道

そのような「悪凡夫」が「仏」になれるでしょうか。

「仏」とは、大胆にいいますと、涅槃を得られた方です。涅槃とは滅度ともいい、煩悩が滅した境界のお方。仏に煩悩はないのです。だから、仏になるため、涅槃を得るためには、煩悩を断たねばなりません。昔から、多くの人々が菩提心を発し、「煩悩を断じて涅槃を得たい」と修行してこられました。親鸞聖人も、比叡山で「断煩悩得涅槃」のために修行にはげまれたのでした。しかし、修行されればされるほど、煩悩の断ちきれないご自身を発見されたのです。「いずれの行も及びがたき身なれば、とても地獄は一定すみかぞかし」という崖っぷちに立たれたのです。そして凡夫が仏になる道はもうないのかと、六角堂に百日お篭りになられる。すると、九十五日目の明け方観音菩薩の示現の文を聞かれ、これを契機として法然聖人に遇われました。

法然聖人は「ただ念仏して弥陀に助けられまゐらすべし」との仰せです。「ただ念仏して」とは、念仏一つでよいということ。専修念仏です。何、念仏のことなら、親鸞聖人はすでに百もご存知です。比叡山の常行三昧堂（念仏を唱えながらご本尊・阿弥陀仏の周りを九十日間歩きづくめにまわり、阿弥陀仏を目の当たりに拝もうという行をするところ）で堂僧をしておられたのですから。また、比叡山の天台宗では「朝題目の夕べ念仏」といって、念仏も、修行の中の一つとしてすでにあったわけですから。ただ比叡での念仏は、諸行念仏（あれもこれもの善行の中の一つとしての念仏）でした。

ところが今、法然聖人がいわれるのは、他の行はさしおいて、「念仏だけ」・専修念仏で救われるのであると落着され、その法悦にひたり切っておられるのでした。そのおおらかな風光に、親鸞聖人はまず惹き付けられてしまわれたのでしょう。食いつくようにして尋ねられます。「なぜ念仏だけでよいのですか」と。「それは私が、黒谷の報恩蔵に篭って、何とか生死を出離する道がないかと、一切経をよみ漁っていたおり、ふと善導大師の観経疏のご文に触れて救われたのです。『一心に専ら弥陀の名号を念じ、行住《ぎようじゆう》坐《ざ》臥《が》（歩いていても座っていても）、時節の久近《くごん》（時間の長短）を問わず、念念不捨者《ねんねんふしやしや》（一声一声称えつづけるならば）、是《これ》を正定《しようじよう》の業《ごう》と名づく（それは必ず浄土に往生して仏と成るはたらきとなる）。彼の仏の願に順ずるが故に（それは、阿弥陀仏の本願によるからである）』とのみ教えでした。特に最後の『彼の仏の願に順ずるが故に』のところまで読んだとき、私は思わず涙がでてとまらなかった」と、法然聖人はしみじみとお答えになられました。

「では、その阿弥陀仏の本願とはどういうことですか」と、さらに親鸞聖人はお聞きになられたに違いありません。「無量寿経の第十八の願です。これからそのお心を深くいただいてみませんか」との法然聖人のおすすめによって、それから「また百か日、照るにも降るにも、いかなる大事にも」吉水にまいり続けられ、ついに「建仁辛《けんにんかのと》の酉《とり》の暦、雑行《ぞうぎょう》（諸行）を棄てて本願に帰す」と、本願こそこの罪深いこの身・煩悩具足の凡夫の救いであると決着されたのです。

(四) 本願・誓願不思議

その本願について、親鸞聖人はこう説明されています。

◎「この一如宝海《いちにょほうかい》よりかたちをあらはして、法蔵菩薩《ほうぞうぼさつ》となのりたまひて、無碍《むげ》のちかひをおこしたまふをたねとして、阿弥陀仏となりたまふがゆゑに報身《ほうじん》如来と申すなり。この如来を方便法身《ほうべんほっしん》とは申すなり。方便と申すは、かたちをあらはし御なをしめして　衆生にしらしめたまふを申すなり。すなはち阿弥陀仏なり。」（『一念多念証文』）

皆さん、お正信偈で「法蔵菩薩因位時…」とお読みになるでしょう。その法蔵という名前の菩薩は、元々「一如宝海」という仏のさとり、色も形もない涅槃の世界から、「形をあらはし」て出てこられたお方です。どうして出てこられたのでしょう。

このところを曇鸞大師のお言葉でいただくと、わかりやすいのです。

「実相《じっそう》を知るをもつてのゆゑに、すなはち三界《さんがい》の衆生の虚妄《こもう》の相を知るなり。衆生の虚妄なるを知れば、すなはち真実の慈悲を生ずるなり」

一如宝海という仏の智慧の眼で実相をみられると、迷いの衆生の嘘・偽りのすがた（我執による生きざま）が見えてくる。大師は、その凡夫の迷いの相《すがた》は、ちょど尺取虫が壷の丸い縁を回っているように果てしなく続き、また蚕《かいこ》が自分で糸をだして繭《まゆ》をつくり、結局自分で自分を縛っているように、業で自らを繋縛《けばく》していると言われます。

仏の真実の智慧はこの衆生の憐れな惑《わく》・業《ごう》・苦《く》の相を見られて、棄てては置けない、ちょうど、川に落ちたわが子を親は傍観しておることができず、川に飛び込んでいって救おうとするように、仏は業苦に沈んでいる衆生を救わずにはおれないという真実の慈悲に動かれた、それが法蔵菩薩なのです。「真実の智慧は真実の慈悲を生ず」という動きが「かたちを現して」法蔵菩薩となられた、だから、迷いの十方衆生を救わんという「無碍の誓い・本願」を起こされたのです。

「如来の作願《さがん》をたづぬれば　苦悩の有情をすてずして
　廻向を首《しゅ》としたまひて　大悲心をば成就せり」

とご和讃にあるとおり、苦悩の衆生をわが子のように悲しみ憐み、救いの力を与えずにはおれないというのが「廻向」です。その廻向の心、大悲の心から本願を建てられ、その大願達成のために法蔵菩薩は「不生欲覚《ふしょうよくかく》・瞋覚害覚《しんかくがいかく》・不起欲想《ふきよくそう》・瞋想害想《しんそうがいそう》・不著《ふじゃく》色声《しきしょう》・香味触法《こうみそくほう》・忍力成就《にんりきじょうじゅ》・不計衆苦《ふけしゅうく》…」と永劫《ようごう》の間、いのちをかけて修行をされ、そのご修行が報われて、阿弥陀仏という仏・報身如来になられた。

この如来を「方便法身」と申上げる、「方便」とは「南無阿弥陀仏」という名、名号の形を現わして、衆生に阿弥陀仏の救いを知らせてくださることです。方便とは印度の「ウパーヤ」の訳語で、元々「近づく」という意味なのです。仏の方から凡夫に近づいてきてくださるということなのです。なぜかというと、煩悩をかかえた凡夫は、自らの力では仏・涅槃を得ることはできません。だから、仏の方から衆生のところに来てくださって、衆生を救おうとされるのです。それで「如来」というのです。「如・一如宝海」から「来られた」「形をあらわされた」から、「如来」さまなのです。

その如来を親鸞聖人は「帰命尽十方無碍光如来　南無不可思議光如来」と拝まれました。一口でいえば「南無阿弥陀仏」です。法蔵菩薩の大誓願が成就して「南無阿弥陀仏」と言う名号になってくださったのです。そのところを、皆さんがお上げになる正信偈には「本願名号正定業」とあります。和訳正信偈では「本願成就のその名を信ずる心ひとつにて　ほとけのさとりひらくこと　願いなりたるしるしなり」と讃えています。

「法蔵菩薩の本願が成就され、達成されて南無阿弥陀仏という名号になってくださった」

だから本願、本願といっても、それは名号によって知られるのです。『浄土文類聚鈔』に「如来本願顕称名」とあるように、南無阿弥陀仏を称えるとき、ご本願の尊さが偲ばれるのです。「弥陀の尊号となへつつ　信心まことに得るひとは」とある通りです。

(五) 本願・名号

本願と名号は切り離すべきものではありません。ある方は本願と名号を槍の柄と穂先にたとえられました。槍の穂先は小さいが鋭い、しかしそれが分厚いものでも突き破るのは槍の柄がついているからだ。柄にこめた力が穂先に集中して槍のはたらきをする。名号はたった六字の小さいもの、しかし、この名号には本願という大きな力がついている、仏のいのち全体がかかっている。だから「それ、南無阿弥陀仏と申す文字は、その数わづかに六字なれば、さのみ功能《くのう》のあるべきともおぼえざるに、この六字の名号のうちには、無上甚深の功徳利益の広大なること、さらにそのきはまりなきものなり」と、お文にあるとおりです。

蓮如さまが「不思議とは、弥陀をたのむ一念で、悪凡夫が仏になることよ」といわれたのはこの意味です。「弥陀をたのむ」とは、この「本願名号を信じて念仏申すこと。」そこに如来の誓願不思議がはたらいて、悪凡夫のこの私が、なれるはずのない仏にならせていただけるのです。なんと有難いことであろうと、ここに「誓願不思議」を喜ぶばかりであります。

（六）正定聚の不思議

このところを木村無相さんは、

「弥陀の名号となえつつ
み名のマコトをいただけば

業煩悩のこのわれに
涅槃のひかりさし入りて
〝不断煩悩得涅槃〟
ひかりに生くる身とはなる
ああ　この不思議　この不思議」

とうたっています。

「み名のまこと」が本願です。誓願不思議、名号不思議をいただけば、業煩悩のこの我に、浄土・涅槃のひかり、如来の摂取心光が差し込んで、この世のいのちあるまま、煩悩を断じないまま、涅槃への道行きができるとは、全くの不思議でございます」と、現生正定聚の不思議を喜んでおられます。

（七）得涅槃の不思議

親鸞聖人も

「仏智不思議を信ずれば
　正定聚にこそ住しけれ
　化生のひとは智慧すぐれ
　　無上覚をぞさとりける」

と和讃されて、現生正定聚の不思議を尊ばれると同時に、臨終の一念には浄土に「化生」して「無上覚」という仏のさとりそのもの、大般涅槃を超証する不思議を讃えられました。

（八）還相回向の不思議

　さらに

「南無阿弥陀仏の廻向の
　恩徳広大不思議にて
　往相廻向の利益には

還相回向に廻入せり」

と詠われて、浄土に往くばかりでなく、またこの世に還ってきて「諸有衆生皆普化」(もろもろの衆生を皆あまねく化す、済度していく)という「還相回向」をも、仏智の不思議と仰いでおられる。恩師法然聖人のみ教えをなお一歩進められたのであります。

(九) 不思議のまとめ

こうしてみますと、誓願の不思議、名号の不思議、現生正定聚の不思議、得涅槃の不思議、還相回向の不思議、みな仏法不思議であり、代表して「弥陀の弘誓になづけたり」となるのであります。

(一〇) 人知と不思議

このように悪凡夫の私が救われていくのはすべて如来さまの方のはたらきの不思議なのですが、この不思議を、我々はどういただいたらよいのでしょうか。答えは簡単です。「不可思議」ですから、「思議すべからず」（あれこれ思いめぐらし、議論する必要がない）のです。

ともすると現代人は、頭で理解しようとします。これはこれ、あれはあれと、分別し、理論づけしようとします。合理的に考えていこうとします。しかし、人間の生きざまは、

それでは間に合わなくなるのです。

湯川秀樹博士のことばに

「人間が合理主義を尊ぶことと
　人間が合理主義的であることとは
　　無関係である」

とあります。科学文明が進んできたのは合理主義の結果です。だから、人はみな合理主義を尊びます。学校教育の殆どがそれでしょう。しかし、合理主義を尊んでいる人間自身が合理主義的な存在であるかとなると、それは別問題。合理主義は頭で考える

領域ですが、人間は頭だけではありません。感情の宿る胸があり、意志のきまる肚がありります。そして、先ほどいいました我執・我愛の見えざる主が肚の底におります。胸から下はとても合理的な世界ではないようです。なぜ好きなの、なぜ怒っているの？何を企んでいるの？　その答えはみな我執を通して出てきます。我への利害損得からの行動です。そしてついにその感情、意志が今度は頭を使って目的達成をしようとするのです。頭はよい方向にも、悪い方向にも使われます。「奸智にたけた男」など、身震いするほど恐ろしい存在。それも頭を使っているのです。

こうしてみると人間は非合理的な面を一杯もっている存在です。それを仏教では煩悩具足というのです。だから頭だけの理解では、人間はすくわれません。その根っこの煩悩を徹《とお》した「体解」でないとすくわれないのです。

（一二）知解と体解

こういう句があります。

☆「病むことを拒むおろかの春を病む」

大谷派の宗務総長をなさった（福井県鯖江市仰明寺の）蓑輪英章師の句です。五十歳代ごろでしょうか、病床に臥せられました。友人たちはみな元気で活動しているのに、俺だけはどうしてこういう病気で苦しまねばならないのだろう、と、「病むことを拒む」日々でありました。しかし、あるときふと「今まで、多くの人々に説いてきたではないか、釈尊は人生は苦なりとして四苦八苦を説かれた。生老病死の四苦は、人生無常のすがたであると。そう説いてきたこの身自身が病になったら、その病はけしからぬと、これを拒もうとしていた。大聖の説かれた無常を否定しようとしていた。何と愚かなことであったことよのう」と気づかれたときには、もう南無阿弥陀仏と称えられていたことでしょう。下五の「春を病む」では、もう静かにお念仏しながら、如来さまの御はからいにまかせたまま、病を受けておられるお姿が彷彿とするようです。

理屈で言ってきた教義、頭で理解していた教理は「知解（ちげ）」でありました。

それではいざとなったときには間に合わないのです。病を拒まざるを得ないこの凡夫の身の事実を通してはじめて「病苦」を受けることができる、そこにかけられている如来の誓願不思議に頭がさがるのであります。これが「体解」（たいげ）でありましょう。

仏智不思議は知解すべきものでなく、体解・信知・いただくものであります。

（一二）おんいのち

今一つ、白井成允《しげのぶ》先生の歌をご紹介して結びにしたいと思います。白井先生は近角常観先生からお念仏の薫陶をうけられ、広島大学の倫理学の教授をされた方です。終戦後東大出の長男さんをシベリア抑留中、病死で失われ、人生最大の悲痛を味わわれました。

☆仮の御身《おみ》を吾子《あこ》と現はし常住のみ法を告げて迅《と》く還ります
☆涙、涙、涙のゆゑにみほとけは浄きみくにを建てたまひけり

このような苦しみを経て、やがてご自身の喜寿を迎えられた折の歌は

☆いつの日に死なんもよしや弥陀仏のみ光の中のおんいのちなり

本願念仏に遇いえて、弥陀仏のみ光・不可思議光の摂取のなかに、わが生死をすっかりお任せされた境地が「おんいのち」なりです。単なる「わがいのち」ではありません。ちょうど無相さんの「涅槃のひかり　さしいりて　光に生くる身とはなる　あこの不思議」と同じ境地のようです。自分ひとりが生きているのではない、如来の光につつまれて、如来さまのいのちをいただいているいのちだから、「おんいのち」なのでありましょう。

今回は不思議なご縁で、はるばる九州までお招きいただき、拙い話でしたが「不思議」について、皆さんとともに味わわせていただきました。どうぞ皆さん、最後に申した白井先生の歌のように、仏智不思議、不可思議光につつまれた人生を全うされますよう、心から念願してお別れいたします。

☆いつの日に死なんもよしや弥陀仏のみ光の中のおんいのちなり

法話2　平成二五年暁天講座　（平成二十五年七月二十三日　於 越前市　了慶寺にて）

「浄土からの光」

藤枝宏壽

【讃題】

「慈光はるかにかぶらしめ　ひかりのいたるところには
法喜《ほうき》をうとぞのべたまふ　大安慰《だいあんに》を帰命せよ」

一【序】

皆さん、お早うございます。早朝、あちらこちらからようこそお詣りくださいました。「朝の涼しいひと時に、清話を…」とご案内しました。果たして「清話」になるかどうか分かりませんが、今朝は「浄土からの光」と題して、第二七回目の暁天講座の前講をさせていただきます。

只今いただいた御和讃のように、阿弥陀さまのお慈悲の光は、十万億仏土という遥かに遠いお浄土からいつもこの世をお照らしてくださっている。その光が至り届いてくださる処では、お念仏の喜びがわいてくる。大きな安らぎを与えてくださる阿弥陀さま・大安慰に帰命しましょう、と親鸞聖人が、曇鸞大師の『讃阿弥陀仏偈』を引いて喜んでおられます。その御和讃を味わってまいりましょう。

二 【慈光】

まず、「慈光」というのは、「世《せ》の盲冥《もうみょう》を照らす」・我々の世の中の暗闇を照らしてくださる光であり、「三塗《さんず》の黒闇《こくあん》ひらくなり」ともいわれるように、地獄・餓鬼・畜生という三悪道の暗闇を開き破ってくださる阿弥陀さまの光です。地獄は苦しみ、餓鬼は欲、畜生は愚痴・無知と、迷いに閉ざされている暗黒の境界です。その闇を破るのが光りなのです。

宮城顗《しずか》という先生が「光明というものは、あらゆる存在をそれ本来の場所に帰すはたらきである」と仰有っておられます。非常に味わいのあるお言葉です。真っ暗なところに居たのでは何がどこにあるか分かりません。台所に居て一瞬停電になったらどこに茶碗があるやら、鍋があるやらもう分からない。パッと電気が戻ってきたら、その有り場所が分かるのです。光に照らされてこそあらゆる存在が本来の場所に有り得るというのは名言ですね。

三　【居場所】

その具体的な例が藤原正遠先生のご本にありました。正遠先生は、石川県川北町浄秀寺の前々住職様でした。九州から養子に入られ、九〇何歳かでお亡くなりになりましたが、とてもお念仏を喜ばれた方でした。ある日、刑務所へ行かれ、受刑者たちにお話されて終わったとき、一人の囚人が不満顔で質問したいという。

囚人「今、先生はいいお話をされましたが、我々は正直に自分がやった罪を告白したからこういう刑務所に入ってしまったんです。ところが外に居る人等は、結構いい加減なことをして、嘘をついたり、ごまかしたり、盗んだりしているけど、みな適当にやっているから娑婆に居られるんじゃないですか？」

正遠「ああ、そうかそうか、あなた方は正直に言われたから、捕まってここにおられる。我々娑婆に居る者も結構いいかげんなことをしている。それは間違いない。でもそれでうまくいかず、やがてボロがでた時は、ここに連れてこられる。その時はよろしくお願いいたしますよ！

しかし、今あなたはここ刑務所は正直者がいるところだと言われたね。刑務所は正直者のいるべき最適の場所じゃないですか。川の魚は、水の中が住み家、そこで楽しく泳いでいる。どうです、あなた方正直者も刑務所という居場所で楽しく過ごされたらどうですか」

と結ばれたといいます。

そうしたら一、二週間後、先の囚人から藤原先生に手紙がきました。

「この間のお話で私の居場所が分かりました。実は、それまでは、刑務所に居るのが嫌で、外の草刈り作業に出ていても、スキあれば逃げようと横見しながら作業していて指を切ってしまったこともありました。でも先生からお話をきいて、刑務所が天の与えた私の居場所だと肚が決まってからは気が楽になり、楽しんで作業ができるようになりました。ありがとうございました」とのこと。

それから彼は模範囚となり、刑期も短縮して出所したという後日談もあります。

一席の法話が光りとなって、その囚人は人間本来の居場所に帰った訳です。「光明というものは、あらゆる存在をそれ本来の場所に帰すはたらき」でした。ともすると私達も、今の居場所・境遇に不満があり、愚痴が出ることもありますが、浄土の光・慈光にあってお念仏するとき、いや、尊い人身《にんじん》をいただいている身ではないか、遇いがたい仏法に今遇えているではないか、これが私本来の居場所だったと心安らぐことができるのであります。

四【はるかに】

次に「はるかに」ということ。阿弥陀経には「是より西方、十万億の仏土を過ぎて世界有り、名づけて極楽という」とあります。「十万億もの仏土を過ぎた」距離とは想像もつきません。人間の知識・計算を遥かに超えた世界という意味です。それを表す面白い話があります。

あの頓知で名高い一休禅師（一三九四〜一四八一）は、本願寺八代目の蓮如上人（一四一五〜一四九九）と仲がよかったそうです。あるとき、一休禅師が歌で蓮如上人に謎かけをしてきました。

「極楽は十万億土と説くならば足腰立たぬ婆は行けまじ」

するど蓮如上人は

「極楽は十万億土と説くなれど近道すれば南無のひとこえ」

と返したということです。何と巧みな返歌でしょう。そりゃ確かに人間の方からは仏の世界へ行く力がない、それほどの隔たり・断絶があるけれども、「南無（阿弥陀仏）」と「一声」称えれば、「一《ひと》超え」で浄土に行けるのだと即答されたのです。それには一休禅師も絶句し、やがて親鸞聖人の二〇〇回忌に参詣して

「襟巻《えりまき》のあたたかそうな黒坊主こやつが法は天下一なり」

と詠んだといいます。口は悪いが親鸞聖人の教えを大称讃しているわけです。

聖人は「南無の言は帰命なり…帰命は本願招喚の勅命なり」（行巻）と「南無」の意味を一大転釈をされました。衆生から仏に「如来さまに南無・帰命いたします」というの（善導大師の説）のではなく、仏から衆生に「本願を信じて念仏申せ、必ず救う」と喚びかけてくださっている声が「南無・帰命」だと、**絶対他力**の信を明らかにされたのでした。一休禅師はそのことも知っていて「天下一の法」だと絶賛したのでしょう。

五【超え包む】

さて「はるかに」ということから、「十万億仏土を越え過ぎたところに極楽浄土がある」の話になったわけですが、その「越え過ぎる」とは、どういう意味か、金子大榮先生のお言葉で吟味したいと思います。寺田正勝師が『念仏もうすのみ』でわかりやすく紹介されています。

〝先生は、「**浄土は娑婆の地つづきでもなければ、時間つづきでもない**」と教えられました。地つづきでないから、努力しても私の歩みで到達できる世界ではありません。時間つづきでもないから、死んでそのままゆける世界でもありません。**浄土はこの世を超えた世界**だといわれるのです。超えているといっても、この世と無関係で絶縁しているわけではありません。**超えてこの世を包んでいる**世界だといわれます。包んでいるから、「南無」と帰依するところに、その南無の心をとおして浄土の光がこの身のところにまできてくださるのです。その光のはたらきが、私の罪濁の歩みをして願生道の意味を与えて下さるのでありましょう〟と。

浄土は、娑婆の「**地つづきではない**」とは、空間的な延長線上にあるのではないということで、地球儀をみても、星座図をみても浄土は見つかりません。『阿弥陀経』の「十万億の仏土を過ぎて」という表現は、人間はすぐ「どこに」と空間的に場所を探す習性がある、その凡情を遮断するための文言でした。

「**時間つづきでもない**」とは、娑婆・現世の時が終われば「死んでそのままゆける世界でもない」ということ。端的にいうと「人は死んだらホトケ」という短絡的発想ではないということです。ただ、伝統的教学では、「金剛の真心を獲れば現生（この世）で正定聚（必ず仏になる位）に即《つ》き、臨終の一念（瞬間）に大般涅槃を超証《ちょうしょう》す」といわれているので、現生《げんしょう》・娑婆から来生《らいしょう》・浄土へという図式があるように思えますが、それは無条件に娑婆が終われば浄土になるという「時間つづき」のことではありません。その正定聚は、この世においてすでに浄土からの光に摂取されているという「浄土の**超え包む**」はたらきに遇うている点に注意すべきです。

「超える」ということは、「彼の世界の相を観ずるに　三界《さんがい》の道に勝過《しょうが》せり　究竟《くきょう》せること虚空《こくう》にして　広大にして辺際《へんざい》なし」と天親菩薩の『浄土論』にあるように、さとりの浄土は遥かに迷いの三界を超えた世界です。次元が違う。しかも真のさとりとは迷いをさとりに転化させようとするはたらきである。真実のさとりで「衆生の虚妄《こもう》の相を知れば、すなはち真実の慈悲を生ずるなり」（証文類）と曇鸞大師が述べられているように、「**超え**」ればこそ、超え得ざるものを超えさせようとする力になる、つまり「**包む**」はたらきになる。真の仏・土は「不可思議光如来」であり「無量光明土」であるから、浄土の光は「尽十方無碍光」とあらゆるものを包み込む。「超日月光この身には　念仏三昧おしへしむ　十方の如来は衆生を　一子《いっし》のごとく憐念《れんねん》す」（浄土和讃）と、智慧と慈悲で「**超え包む**」のであります。

六　【包摂とニュートリノ】

この「超え包む」という概念は、論理学でいう「包摂《ほうせつ》」だとある本で読んだことがあります。辞書的には「包摂とは…ある概念やことがらを、それより大きな概念やことがらがつつみこむ〈こと／関係〉。例…「『犬』は『動物』に包摂される」という意味です。だから、娑婆が浄土に包みこまれている、包摂されているというのでもよいじゃないか。「摂」には「摂取」といって「攝《おさ》めとる」意味もあるのだから、浄土に包みこまれ、如来さまに摂めとられると解釈することもできるから、「包摂」でもよかろうと思っておりました。

ところがそのころ（二〇〇二年）小柴昌敏博士がニュートリノの実験でノーベル物理学賞を受賞したことが話題になっていて、大変興味を覚えました。ネットで調べるとこういう記事がありました。

《記事》〝陽子や電子が物質を形づくる粒子であるのに対して、*素粒子《そりゅうし》の一種、*ニュートリノは物質の素《もと》になることはなく、自由に飛び回っています。私たちが暮らす地球にも常に宇宙からニュートリノが降り注いでいるはずなのですが、非常に小さなニュートリノはほとんどの物質をすり抜けてしまうため、これを観測することは簡単なことではありません。

そこで**小柴昌俊博士**は、岐阜県神岡町にある鉱山の地下に「カミオカンデ」という観測施設を建設しました。カミオカンデは三〇〇〇トンもの水を溜めたタンクで、その周囲には約一〇〇〇本もの光センサーが取り付けられています。ここに飛び込んだニュートリノが水分子に衝突したときに生じる弱い光を検知して、ニュートリノを観測しようとしたのです。

その結果、一六一六万光年離れた大マゼラン星雲で起こった超新星爆発で生じたニュートリノを観測することに成功しました。

その後も太陽で生じたニュートリノの観測に成功。小柴博士は「ニュートリノ天文学」といえる新しい研究分野を開拓した功績が認められ、二〇〇二年にノーベル物理学賞が贈られました〟（文　斉藤勝司）とのことです。

*注
ニュートリノ（名）〔neutrino〕
《理》素粒子《ソリュウシ》の一つ。電気的に中性で、質量はほとんどゼロ。中性微子《ビシ》。
そりゅうし【素粒子】（名）
《理》物質を作っている基礎《キソ》となる、細かい粒子。陽子・中性子・電子・中間子など。

これを読んでいよいよニュートリノに関心が深まり、さらに種々調べてみた結果こういうことが分かりました。

❶物質は…分子でできている…分子は原子から、原子は素粒子からできている。素粒子とは、原子の外側を回っている電子（－の電荷《でんか》をもつ）と中の原子核で構成されていて、原子核は陽子（＋の電荷をもつ）と中性子・ニュートリノ（いずれも電荷はゼロ）からできている。

❷宇宙・太陽からはニュートリノと呼ばれる無数の素粒子が光速で飛んできている。私たち人体にも飛んできて**貫通**している。（片方の手のひらに一秒間に約六兆個ものニュートリノが貫通している！）

❸素粒子の中でニュートリノだけが「貫通」する理由は三つある。

一．原子の中はスカスカである。

原子一個を地球の大きさまで拡大してみる（約一垓《がい》三千兆倍）。原子が地球大なら原子核は、東京にある野球場一つくらいの大きさになる。その原子核の中に、中性子など三つの素粒子がある。素粒子は、大きさがゼロに近いが大きくても野球ボールくらいだ。こう考えると、原子核と電子の間は、東京とオーストラリアくらい離れていて、「スカスカ」だといえる。

二．ニュートリノが極めて小さい。

（一．の譬えでは地球対「野球ボール」の大きさしかない）

三．電気（電荷）を持たない。

ニュートリノは＋、－の電気をもたないから、電子（－）、陽子（＋）に関わりなく（自由に）通り抜けできる。

…ということでした。

七　【念仏は浄土からの光】

通常の手段ではとても見えない超極微のニュートリノが、今も私の体をスカスカと通りぬけているということに驚いた私は、連想を続けます。

かねてから「念仏は浄土からの光である」といただいていますが、その「浄土からの光・念仏」はニュートリノと同じではないかと思ったのです。

天親菩薩が『浄土論』の最初に「帰命尽十方無碍光如来《きみょうじんじっぽうむげこうにょらい》」と帰敬しておられ、親鸞聖人が『尊號真像銘文』でその解釈をしておられる。

〝「帰命」は南無なり、また帰命と申すは如来の勅命にしたがふこころなり。「尽十方無礙光如来」と申すはすなはち阿弥陀如来なり、この如来は光明なり。「尽十方」といふは、「尽」はつくすといふ、ことごとくといふ、十方世界をつくしてことごとくみちたまへるなり。「無礙」といふは、さはることなしとなり。さはることなしと申すは、衆生の煩悩悪業にさへられざるなり。「光如来」と申すは阿弥陀仏なり。この如来はすなはち不可思議光仏と申す。この如来は智慧のかたちなり、十方微塵刹土《じっぽうみじんせつど》にみちたまへるなりとしるべしとなり。〟

まずこの釈文の語句についてニュートリノとの喩え合わせをしてみます。

①「尽十方といふは、十方世界をつくしてことごとくみちたまへるなり」というこ

とは、ニュートリノが「宇宙どこにでも満ちている」ことと同じだ。浄土の光はいつも私の中に満ち満ちていてくださるのだ。

②「**無碍**（碍《さわ》ることなし）とは、衆生の煩悩悪業にさへられざるなり（妨げられない）」とあったように、阿弥陀仏の光は、我々凡夫の煩悩・悪業に妨げられることなくお救いくださっている。その「無碍」は、ニュートリノが「あらゆる物質を障碍とせず自由に通りぬけている」ことと同じだ。今も無碍光の真っ只中に包まれているのである。

③「**光如来**と申すは阿弥陀仏なり、十方微塵刹土《じっぽうみじんせつど》にみちたまへるなりとしるべし」とある、その「十方微塵刹土」とは「あらゆるところ」の「数限りない国土」という意味だから、①と同じくニュートリノが宇宙に遍在していることに符合するが、いみじくも「微塵」（極めてこまかい）という文字は、ニュートリノという素粒子の超極微性を連想させるのである。

以上、上記の釈文の味わいでしたが、今ひとつ、前章の《記事》にあったように「普通は見えないニュートリノも、時々水分子に反応して光ることがある」ということが私の連想を強く刺激しました。浄土からの光も目にはみえないが、我々の心に反応したとき「南無阿弥陀仏」と「光る」と言えるのではないでしょうか。

私たちが毎日犯している悪業煩悩のその中に、浄土の光は「気づけよ、まかせよ、かならず救う」との喚び声（如来の勅命）となって入っていてくださるのですが、自分の生活に夢中になっていて気づいていない。しかし気づかされる機縁があります、ここは苦の娑婆ですから。「煩悩具足の凡夫、火宅無常の世界は、よろづのことみなもつてそらごとたはごと、まことあることなきに、ただ念仏のみぞまことにておはします」とのみ教え通りだったなぁと、涙し、実感するとき、「なんまんだぶつ」とお念仏が出てくださる時がきっと来るのです。それが浄土からの光が念仏となって光った時なのです。

その回数は、ニュートリノと同じように、「時々」かも知れません。でも光ったと証明されたことが実験の成功でした。お念仏が「光った」ことが人生の一大体験ー

「獲信」ということなのです。今日の法話のご讃題の通り「慈光はるかにかぶらしめ光のいたるところには法喜をうとぞのべたまふ大安慰を帰命せよ」、浄土の光が届いたら法の喜びが涌きでるのです。人間と生まれ、仏法に遇えて良かったと慶喜し、心に大きな安らぎを得るのです。一度この体験を得たならば、またお念仏が出るでしょう。問題は回数ではなく、その念仏が出る機縁、浄土の光がはたらく場がどのように展開されるかということです。

八　【本願念仏のはたらく場】

その具体的な例を藤原正遠師のご本『み運びのまま』で知りました。

ある戦争未亡人Aさんの話です。この婦人は、夫が戦死され、四人の子を懸命に育て上げ、男の子には嫁を持たせ、女の子は縁づかせ、只今は、一人で、ある事務所に勤めておられる。この婦人の申されるには、

〝私は最近全く心の仕末がつかなくなり、困り果てています。幼い子供が育つまで、

又子供達がそれぞれ家庭を持つまで唯ただ、お念仏に励まされて生かさせてもらってきました。貧困のどん底にあっても、お念仏が口を割って下さると、心が明るくなり、勇気が溢れて来て、生き抜かさせて参りました。

清澤先生は「我、他力の救済を念ずるときは、我が世に処するの道開け、我、他力の救済を忘るるときは、わが世に処するの道閉づ。我、他力の救済を念ずるときは、我、物欲の為に迷はさるること少く、我、他力の救済を忘るるときは、我、物欲の為に迷はさるること多し。我、他力の救済を念ずるときは、我が処するところに光明照し、我、他力の救済を忘るるときは、我が処するところに黒闇覆う」と仰せになっていますが、**私の今までのお念仏は、**まさに清澤先生の仰せの通りであったと思います。先生の**「他力の救済を念ずる」**と仰せになるのは、**私には『南無阿弥陀仏』と称えさせて貰うことであった**と思います。

しかし、**先年病気になり、仕事を止めて長男の所に行っていました。**この頃は大体快方になり、元の仕事をさせてもらっていますが、**今、どんなにお念仏をし**

ても、昔の様な明るさが出てきませんし、ファイトも湧きません。子供達の所に行きましても、親切にはしてくれますが、何だか溝が出来て、よその扱いにされている様です。孫達も大きくなるにつれ、ろくに話もしてくれなくなり、**私はいよいよ孤独になり、一人ボッチです。**

　病気が又ひどくなり、寝たきりの病人にでもなったらと思い、お念仏はしきりに出てくださいますが、わが世に処する道は閉じたままです。貯えはないし、子供達の生活も、やっとだし、ああその時はその時だとお念仏しましても、私の心は物欲のとりこであります。一切は『お与えさま』と思っても、心は黒闇に閉ざされ、ま夜中に心は悶えて仲々眠れません。一体、私はどうしたらよいのでしょう〟

という内容の述懐でした。そこで、藤原師は次の様に思いを述べられました。

〝今までお念仏によって、勇気づけられ、生き抜いて来られたことは、まことに素晴しい有難いことと思います。しかし今、いくら念仏しても、心は閉ざされたまま、黒闇のままだと言われます。私にも記憶がありますが、あなたはまことにしあわせのチャンスが今訪れたのではないでしょうか。『果遂の誓い』の成就の時が来たのではないでしょうか。御和讃に『定散自力の称名は果遂のちかひに帰してこそをしへざれども自然に真如の門に転入する』とあります。

私の道が開けたり、物欲のために迷わされなくなったり、人生に光明が照らしたりする所には、本願念仏の御はたらき下さる場所はないのです。

『思案の頂上』というは、人知の万策尽きて、四苦八苦の場所です。

諸仏に棄てられ、十悪五逆の罪人を迎え取って、大法に帰せしめて下さるのが、本願念仏（第十八願）です。

わが世に処する道閉じた全く三定死の所に摂取に来て下さるのが南無阿弥陀仏です。物欲の為に身動きならぬ断末魔に摂取に来て下さる南無阿弥陀仏です。

黒闇に覆われ迷い切ったあがき一杯の所に摂取に来て下さる南無阿弥陀仏です。

今迄の念仏の間に合わなくなった所が『釈迦の発遣』（押し出し）です。押し出されても迎え手がなかったら大変です。然し、十劫の前からお待ち下さっていた『弥陀の招喚』が、ましますのです。

一度、**この御招喚に遇うと、『障り多きに徳多し』**で、**困るほど、行き詰まるほど、大法から、方便法身の阿弥陀仏が南無阿弥陀仏となってお迎え下さるのです。**

お念仏に摂取されたものは、道が開けるとか、物欲に迷わされぬとか、光明照らすとか、人間の言葉は申しません。念仏に摂取されたものは「有無を離る」と仰せられます。摂取の中の生死であり、摂取の中の煩悩であります。ただ、南無阿弥陀仏、このままのお救いです。南無阿弥陀仏〃

この実話の要はこういうことでしょう、

Q「今までお念仏をまじめにしてきましたが、老齢になって若い者とも疎遠になり孤独になると、お念仏しても真に喜べません。どうしたらよいでしょうか」

A「本願念仏のおはたらきくださる場所は人知の方策尽きて四苦八苦する場所で

す。行き詰まったその所にこそ如来さまが来てくださっているのです」

まさに「衆生貪瞋煩悩中《しゅじょうとんじんぼんのうちゅう》　能生清浄願往生心《のうしょうしょうじょうがんおうじょうしん》」―衆生の貪《むさぼ》り瞋《いか》りの煩悩の中に能《よ》くぞ清浄なる往生を願う心を生ぜしむ―（善導大師）です。煩悩の中にこそ、如来の本願力がはたらいてくださる、「苦しかろう、よりかかれ、よりたのめ、まかせよ、来い、かならず救う」との喚び声が響流《こうる》しどおしなのです。

煩悩に苦しむときこそ、苦しむままにお念仏すると、如来の喚び声が聞こえてきます。波立つ心を鎮めて、心安らかにしてから念仏するのではありません。涙の中でこそ如来に遇えるのです。

九　【すくい】

最後に、慈光・浄土の光に救われていかれた念仏詩人・「今妙好人」の詩を味わいたいと思います。

☆「泣くがよい――　生きたえがたい日は　泣くがよい――」

☆「涙には　涙にやどる仏あり　そのみ仏を　法蔵という」

―木村無相『念仏詩抄』

二〇歳で煩悩を断ち悟りを得たいと願い修行された木村無相さんは、五四歳で「ただ念仏称えよの仰せ一つ」に落着されました。独身で通された無相さんですから、孤独感もあったでしょうが、

☆「だあれもいない　ひとりのとき　おねんぶつさまが　こうささやく

ひとりじゃあ　ないんだよ　ひとりじゃあ―」

と、お念仏さま・法蔵さま・阿弥陀さまと共生《ともい》きされました。

☆「ホトケノオ浄土ハ　チカクテトオイ　人智ノオヨバヌ　思惟ノ外ニアル

ホトケノオ浄土ハ　トオクテチカイ　合掌者ノマエニ　アラワレル」

☆「念仏シテスクワレルノデナイ　念仏モウスコトガ　ソノママスクイデアル
シテミヨウノナイ　シュクゴウニ　ミヲマカセテ　イキテユク
ソレガホトケノスクイデス」

—をさはるみ

—をさはるみ

をさはるみ師は、鯖江市の真宗誠照寺派願生寺の前々住職でした。愚生の父ぐらいの年代で、一度お会いしたことがあります。とても信心深い念仏者で、いくつも忘れ難い名詩を遺しておられます。

☆　光を迎える
なむ十万億土からの光さま
相すみませぬ
いま私の中には

邪見憍慢心がいっぱいで
むさくるしゅうございますが
　　　　　　　　　　　　　　　　　　　―榎本栄一『群生海』

☆　煩悩の渦から
私の煩悩の渦の底には
自分にみえない
仏がましまし
まいにち
智慧の光をいただく
　　　　　　　　　　　　　　　　　　　―榎本栄一『光明土』

『念仏のうた』八巻を遺された有名な念仏詩人は、わが煩悩とそれを照破し摂取する慈光を体感する詩を多く詠まれました。

一〇【結び】

あれこれ申しましたが、とかく暗くなりがちな娑婆の中でこそ、浄土からの・慈光に生かされる真のよろこびを得させて頂きたいものです。仏法、信心・念仏の味わい方は人によっていろいろありましょう。型にはまった教義を学び、覚えるのが宗教ではないと思います。「本願を信じ念仏すれば〈凡夫が〉仏にならせてもらう」という大枠を外れては浄土真宗ではありませんが、本願念仏・如来の御はたらきを我が身にうなづき合点するには、一人ひとりの味わい方があります。今回はニュートリノなど、私なりの味わいを申し上げました。ご参考になるところがあれば幸甚です。

長々とご静聴いただき、有難うございました。

南無阿弥陀仏　南無阿弥陀仏

法話３　平林町春季法話会

（令和四年三月二十六日　平林町公民館にて

藤枝宏壽

「究極のよりどころ」

【讃題】

「清浄光明《しょうじょうこうみょう》ならびなし　遇斯光《ぐしこう》のゆゑなれば

一切の業繫《ごうけ》ものぞこりぬ　畢竟依《ひっきょうえ》を帰命せよ」

【前席】

【一　序】皆さん、ようこそ平林町での了慶寺春季法話会にお参りくださいました。時は三月も末ごろ、寒さも遠のき、新装成った気持ちのよい当町の公民館をお借りしての法話会が、上山治樹氏願主のもと開催されますこと、ありがたいことです。こうして公民館に昔ながらのお仏壇が安置されていることは、尊いことであり、いつまでも維持存続されることを願ってやみません。

毎日報道されている福井県内のオミクロン感染者数が、毎日二〇〇人近くあり、県も感染対策を強化しておりますので、マスクを付け、座席間隔を空けて着席しながらの法座ですが、しばらくご辛抱願います。

【二　主題】さて、今回は「究極のよりどころ」という題でお話します。

今毎日のニュースはロシアによるウクライナ侵攻問題から始まり、世界各国の対応や意見、そして各種の論評などが出ていて、どうしたら平和になるのか不安でなりません。各国家の歴史・成り立ち、政治構造、産業・経済、主義・思想・宗教など、根幹的な問題があり、単純には云々できません。（無力な一老耄としては、唯「和を以て貴しとなす」という仏教精神であって欲しいと願うだけで、先は見えません。）国内でもコロナ問題、物価問題等々あり、我々の家庭生活でも、健康・家計・家族・人間関係など、日常身にふりかかる問題がいろいろあります。銀行、市役所、医師、弁護士、親戚、友人等で解決できることもありましょうが、特に我々高齢者にとっては、日々迫ってきている「老・病・死」の切実な問題となると、どう解決したらよいのか、心の底で問わずにはおれません。

頭では分かっているつもりですが、この身が承知しているでしょうか。いずれも「わがいのち」の問題です。いつ、どこで、どのように果てるか、果てた後このいのちはどこへ行くのか、「無」となって終わるといわれるだけで納得できるか、たしかにお浄土に生まれると安心しているか？　等閑《なおざり》にはできない問題です。言葉を換えれば、我々の人生の究極のよりどころは何かという問題です。

今日は、その問題を皆さんと一緒に考えたいと思います。先ほどご讃題にいただきました親鸞聖人の御和讃の中に「畢竟依」（究極のよりどころ）というお言葉がありますので、その思《おぼ》しめしを尋ねて、安心をえたいと思うわけです。

【三　光に遇う】

「清浄光明」の御和讃は、皆さんがよく唱和される「弥陀成仏のこのかたは」で始まる六首の御和讃の中の第五首目です。

「清浄光明《しょうじょうこうみょう》ならびなし　遇斯光《ぐしこう》のゆゑなれば
一切の業繋《ごうけ》ものぞこりぬ　畢竟依《ひっきょうえ》を帰命せよ」

この和讃の意味はこうです。

「**清浄光明《しょうじょうこうみょう》**ならびなし」とは「阿弥陀仏の清らかな光に並ぶものはない」ということ。まず、阿弥陀さまの光明は清浄である。我々凡夫は五濁《ごじょく》の世にいるから汚れ濁っている。その汚濁の凡夫を照らしお救いくださる光明だから清浄・清らかなのです。

親鸞聖人はご左訓で「貪欲《とむよく》の罪を消さむ料《れう》に（消すはたらきがあるから）清浄光明といふなり」と解釈しておられます。

そして「**ならびなし**」とは、「無対《むたい》（光）」のことです。正信偈で「普放《ふほう》無量《むりょう》・無辺光《むへんこう》・無碍《むげ》・**無対《むたい》**・光炎王《こうえんのう》」とあります。その中の「無対（光）」のことで、無対とは「対《なら》ぶものがない」という意味です。なぜ「対《なら》ぶものはない」かというと、「遇斯光《ぐしこう》のゆゑなれば　一切の業繋《ごうけ》ものぞこりぬ」だからです。

この「**遇斯光**《ぐしこう》」の「遇」が我々に直接関わる問題です。「遇斯光」とは「斯《こ》の光に遇う」ということですが、ただ普通に遇うのではない、親鸞聖人は「弥陀仏に遇《まうあ》ひぬるゆゑに」と左訓《さくん》しておられます。「遇《もうあ》」とは「遇い難《がた》いのにようこそ遇わせていただく」という意味です。平生の生活はがたがたしていて、仏法に遇うことも、お念仏のお話を聞かせてもらうこともなかなかできない。その難《むずか》しい中でようこそ、こうして阿弥陀さまの清浄光明に遇わさせていただきますというよろこびの表現なのです。

そして阿弥陀仏のならびない清浄光明に「まうあ」えば、**一切の・あらゆる業繋《ごうけ》が除かれる**とある、**この**「業繋」がまた大事な言葉です。業繋の「繋」は、ボートを「繋留《けいりゅう》」するというように、「繋《つな》ぎ留める」ということ。だから「業繋」とは「業に繋ぎ留める」となる。それを聖人は「罪《つみ》の縄《なは》に縛《しば》らるるなり」と左訓をつけておられます。「業」を「罪」と仰っておられる。どういうことでしょうか。

「業」とは本来梵語で「カルマン」と云い、人間の行い・行為のことですが、我々凡夫はみな煩悩という悪い心をもっている。その煩悩の心で行為するから、その業は悪業となる。そして悪業の結果に苦しむのです。これを「惑《わく》（煩悩）・業《ごう》・苦《く》」といい、聖人は「罪の縄に縛らるるなり」と言われたのでした。

　分かりやすくいうと業《ごう》とは「悪いクセ」です。「またゲーゲやって、二日酔いかね。**業なこっちゃ**」などというように、人にはいろんな悪いクセがある。酒癖、女癖、手癖、…など。癖は、「わかっちゃいるけど、やめられない」と、悪いとわかっていて何度もくり返すものです。あまりいうと差し障りがあるかもしれませんが、パチンコ癖などもそうでしょう。結局は損をすると分かっていながら、広告をみるとつい足を運んでしまう人がいる。子どもを車の中に置き去りにし、熱中症で死なせてでも玉はじきに夢中になる親もいる。まさに罪（業）の縄に縛られているではありませんか。（本書一一九頁参照）

　それが今、「遇斯光」と阿弥陀仏の清浄光明（お念仏）に出遇わせていただくと、「惑・業・苦」の罪深い我が身の実態が照らし出され、気づかされ「あぁ、何と罪深い私であったことやら、苦の因《もと》は私にありました」と慚愧《ざんき》・懺悔《さんげ》せずにはおれないのです。惑業苦という業繋の実態が心底、身体《からだ》で解れば、「あぁ、何と愚かな我だったか！」と慚愧し、その慚愧で罪の縄が切れる、「一切の業繋も除こりぬ」となるわけであります。

如来さまの光には三つのはたらきがあります。一つはお正信偈に「一切群生蒙光照《いっさいぐんじょうむこうしょう》」とあるように、我々はみな如来の光に照らされて「お育て」を受けている。ちょうど柿の実が太陽の光に育てられていくのと同じです。二つには、「已能雖破無明闇《いのうすいはむみょうあん》」とあるように、「無明の闇」を破ってくださる。無明の闇とは、闇が見えていないということ。毎日、惑・業・苦の日暮らしをしていながら、それが日常化すると当たり前になってしまい、何とも思っていない。それが「無明の闇」、迷いの実態です。清浄光はそれを明らかに見させてくださる、惑業苦の真のすがたをわからせてくださるのです。

端的にいうと、迷いとさとりです。我々凡夫は迷っている、迷っていることも知らない。如来さまはおさとりの目で、我々の迷いのすがたをご覧になり、可愛いやな、迷っていることに気づいてくれよと清浄光明で照らしてくださる。それが光です。お念仏です。**念仏は浄土の光**です。帰命尽十方無碍光如来です。光で目覚ましてくださるのです。光は目覚ましてお救いくださるのです。なんまんだぶつは、帰命無量寿如来・南無不可思議光です。「気づけよ、すくう」のお喚び声です。そのすくいが「**摂取心光常照護**《せっしゅしんこうじょうしょうご》」という三つ目のはたらきです。清浄光明にはこうして、凡愚を照らして育て、無明の闇を破り、そのまま摂《おさ》め取る三重のはたらきがあるのです。

そのお照らしをいただいて我々は「今まで気づかずにいましたが、私は惑・業・苦と迷っていたのでした。今、如来のおさとりの清浄光に照らされて、私の迷いの実態が見えてきました。迷いを離れてさとりを得とうございます」と願うようになる。

だから清浄光明に、「貪欲《とんよく》の罪を消すはたらき」があるとご左訓があったのでした。

【四　煩悩と無常】

親鸞聖人は、歎異抄の後序で、我々人間凡夫の日暮らしに大きな問題点が二つあると仰っています。「**煩悩**具足の凡夫、火宅**無常**の世界は、よろづのこと、みなもつてそらごとたはごと、まことあることなきに、ただ念仏のみぞまことにておはします」と。人生の根本問題を「煩悩」と「無常」の二点で抑え、念仏のみがその問題の究極の解決（畢竟依）だと結論しておられます。

まず「煩悩具足の凡夫」との仰せ。聖人のお言葉に「凡夫といふは、**無明煩悩**われらが身にみちみちて、欲もおほく、いかり、はらだち、そねみ、ねたむこころおほくひまなくして、臨終の一念にいたるまで、とどまらず、きえず、たえず」とあります。煩悩に「無明」がついているところに注意しましょう。煩悩の数は、貪《とん》・瞋《じん》・痴《ち》の三毒、それに慢《まん》・疑《ぎ》・見《けん》を加えた六大煩悩、また百八煩悩などと、たくさん数えあげられます。それらが無明である、見えていない、自覚されていない、だから先に申したように惑・業・苦の業繫になるのでした。

そんな古くさい仏教思想では！と思われるかもしれませんが、その「無明煩悩」を、ある方は「無意識性自己中心症候群」と現代的に喝破されています。奇《く》しくも親鸞聖人が「**無明といふは煩悩の王なり**」と諸経和讃（「**無明**の大夜をあはれみて…」）で左訓しておられるのに符合します。煩悩の親玉は、我執・自己中心思想であり、しかもそのことを意識・自覚していない。我が正しい、我が一番可愛い、我を通したいというのは万人共通の思いだ、当たり前の考えじゃないか、と開き直るのが現代人。そしてこの無明煩悩から、新聞や雑誌に取りざたされているような現代社会の諸悪が発生している。「申し訳ありません。今後はこのような事が起きないよう、注意してまいります」と責任者が頭そろえて陳謝する場面を何度見てきたことでしょう。現代人こそ「清浄光明」を仰がなくてはならないのではないでしょうか。

次の「**火宅無常**の世界」というのは、生・老・病・死と、我々のいのちは日々、どんどん変わっていき、いつ娑婆の縁が尽きるやも分からない。今、家に火がついているようだ。毎日お悔やみ欄で見る訃報は、よその人のこと、三人称の死だが、いつ親族、二人称の死に向き合わねばならぬかも分からない。そして、いよいよ自分自身の一人称の死となると、もはや「訃報」ではなくなるのです。

「死ぬケイコ出来ぬが残念ぶっつけで本番むかえる不安ぬぐえず」（今泉 光）です。（本書四六頁参照）

この一人称の死についてこそ、仏教は昔からその心構えを説くのです。

まず蓮如上人の御文（一帖・十一通）。

「まことに死せんときは、かねてたのみおきつる妻子も財宝も、わが身にはひとつもあひそふことあるべからず。されば死出の山路《やまぢ》のすゑ、三塗《さんづ》の大河《たいが》をばただひとりこそゆきなんずれ。…」

これは、私が高校二年で肺浸潤に罹って自宅療養していたころ、戦争未亡人だった母を助けに来ていた祖母がよく口ずさんでいた言葉です。その哀切な声の響きから無常の実感がひしひしと伝わってきましたが、私自身は、すでに無常を体験していました。

六歳のとき、私を可愛がってくれていた祖父が亡くなり、その骨拾いに村の火葬場に行きました。焼き釜の覆いがガラガラと巻き上げられたとき、アッ、目に飛び込んできたのが白い頭蓋骨と二つの「穴」（眼窩《がんか》）！　エッあれがお祖父《じい》ちゃん？　大ショックでした。人のいのちの儚《はかな》さが幼い脳裏に焼きついたのです。

そしてまた十二歳のとき、父がフィリピンの山中で詳細不明の「戦死」となり、視覚によらない無常の悲しみを母、弟妹らと共有していたのです。

何ともやり切れない無常の悲嘆、どうしたらよいのでしょう。蓮如上人は先の御文に続けて教えられます。

「これによりて、ただふかくねがふべきは後生《ごしょう》なり、またたのむべきは弥陀如来なり、信心決定《けつじょう》してまゐるべきは安養《あんにょう》の浄土なりとおもふべきなり。」

無常も煩悩も、**究極のよりどころは阿弥陀如来**だとの仰せです。「帰命無量寿如來南無不可思議光」――「ひかりといのちきわみなき　阿弥陀ほとけを仰がなん」こそが、煩悩・無常の根っこからの救いである。無常に泣く、限りあるいのちに対しては「無量の限りなきいのち」を与えてくださり、心暗くなる煩悩に対しては「無量・不可思議の限りなき光」で照らして闇を消してくださる。それが無量寿如来・不可思議光如来の阿弥陀仏。この阿弥陀仏に帰命するのが「南無阿弥陀仏」であり、「弥陀如来をたのむ」ことなのであります。「畢竟依《ひっきょうえ》」に帰命することです。

【五　弥陀をたのむ】

「弥陀をたのむ」とはどういうことでしょうか。「苦しいときの神だのみ」というように、仏に請願・祈願・おねだりすることでしょうか。私の曾祖父、浄専の明解な法語が遺っています。

「念仏申さるべし。これは如来の本願なり。この中に助けたまふ御《おん》はからひあり。これを信ずるを弥陀をたのむとは申すなり。」

私なりに、意訳してみます。

「まずお念仏を申してください。念仏を申して救われてくれよというのが如来の本願なのです。その願いの中に、迷いの私をたすけさとりに至らしめようという如来の御はからいがこめられているのです。その御はからいを信じて念仏するのを『弥陀をたのむ』というのです。」

「弥陀をたのむ」とは、今から阿弥陀さまに救いを請い願うということではなく、親鸞聖人がいわれるように、すでに成就している阿弥陀仏の本願力（御はからい）を「よりたのむ」、本願力に「よりかかる」という意味です。本章の主題「弥陀を畢竟依と帰命する」ことに通じます。「ただ念仏のみぞまことにておはします」です。

【六　難信】

ところが、「南無阿弥陀仏の　みおしえは　おごりたかぶり　よこしまの　はかろう身にて　信ぜんに　難《かた》きなかにも　なおかたし」（弥陀仏本願念仏《みだぶつほんがんねんぶつ》　邪見憍慢悪《じゃけんきょうまんあく》衆生《しゅじょう》　信楽受持甚以難《しんぎょうじゅじじんになん》　難中之難無過斯《なんちゅうしなんむかし》」）と和訳（正信偈）にあります。お念仏はたった六字で聞きやすく、称えやすいのですが、「念仏のみぞまこと」と信ずることが難しいのです。なぜでしょう？

「このみ法《のり》聞き得ることの難《かた》きかな　我かしこしと思ふばかりに」と一蓮院秀存《いちれんいんしゅうぞん》師（江戸時代の末期の浄土真宗の名僧）は誡めておられます。「我かしこし」とは、自分は賢い、教育がある、ものの道理は分かっていると「おごりたかぶる」心です。この邪見憍慢《じゃけんきょうまん》になっていると、どのような悪人をもみな救うという阿弥陀仏の本願力・絶対他力に遇《もうあ》うことが極めて難しいのであります。

その「難」がある中で「ようこそ聞かせていただきました」という感慨が「遇《もうあ》う」ことだと尊ばれているのでした。ともすると憍慢になる迷いの凡愚の身を心底自覚して、よくよく「遇斯光」させていただきましょう。

我が身の煩悩に気づくことは、ちょうど釈尊が成道されるとき降魔《ごうま》されたことに似ています。釈尊が菩提樹の下で悟りを開こうとした時、魔物が現れ、悟りを妨害しようとしましたが、それを打ち倒した時の印相（手振り）が「降魔印《ごうまいん》」「触地印《そくちいん》」「指《し》地印《ちいん》」です。『大唐西域記』には「釈尊は、この印相で地に触れると、すぐさま地神がわき出て来て釈尊の福業勝徳《ふくごうしょうとく》を証明し、悪魔は退散した」と記載されています。悪魔の正体が煩悩だと見破られたとき悪魔は魔力を失ったのでした。煩悩・迷いの正体が明らかになることが、さとりに転ずることなのです。

如来の清浄光明も、煩悩の身を明らかにし、その業の身を憐れみ、救いとり、浄められる光なのです。罪をあばくだけの光ではありません。罪を罪と自覚させ、迷いを迷いと知らしめて、さとりの世界に至らせようと、その罪の身を摂《おさ》め取ることこそ阿弥陀の仕事なのだとの仰せです。

「救いなき身ぞと知らせてそれゆえに見捨てたまわぬみ親尊し」（藤原正遠）

「救われぬ身に沁みわたる弥陀の声称えても称えてもまた弥陀の声」（不死川浄）

です。罪ある者をこそ救わずにはおれないというのが阿弥陀さまだと聞かされて、「この業苦深い私をお救いくださいますとは、何ともったいないことやら！　なんまんだぶつ」と自ずから喜びの念仏が出てくださる。このお念仏こそが畢竟依・究極のよりどころになるのです。どうしてお念仏が畢竟依になるのか、後席、さらにお尋ねしてみましょう。

《後席》

【七　ゼミール王】

遇斯光の縁《よすが》としてお聞きください。

昔、ペルシャ国にゼミールという王様がいました。二〇才で王位についた時、全国の学者を招集し、「人類の歴史を詳しく調べて報告せよ」と命じました。

二〇年後、王は四〇歳。学者達が調べた結果が五〇〇巻の書となり、ラクダ一二頭に積まれて王のもとに届けられますが、王は「国政に忙しい。読んでいる暇がない。もっと縮めてまいれ」と命じました。

二〇年後、王は六〇歳。今度はラクダ三頭分に縮められた報告書が来ましたが、「まだ多すぎる。もっと縮めてまいれ」とのこと。

さらに一〇年後、王は七〇歳。ラクダ一頭分になりましたが、「儂《わし》はもう老いてしまった。もっともっと縮めよ」とのこと。

五年後一巻にまとめられましたが、七五歳の大王は、もう臨終の床です。か細い声で「一口で言え」とのこと。

そこで長老の学者が、「三つの言葉で申上げます。

『人は生まれ、人は苦しみ、人は死す』

以上でございます」と申し上げたということです。（本書八二頁参照）

『人は生まれ、人は苦しみ、人は死す』とは、何とあっけない結論でしょう。しかし、生と死は誰でもわかりますが、「苦しみ」こそ人生の中味ではないでしょうか。実は、仏教はこの「苦」から出発したのです。

お釈迦さまのおさとりの起点は「四門出遊《しもんしゅつゆう》」でした。カピラ城の王子として城内では健・美・楽の日常でしたが、ある日東の門を出て見たら初めて「老人」に会われ、またある日南の門を出て「病人」に、次の日には西の門で「死人」に会われて、人間に「老・病・死の無常の苦」があることを実感された。そしてまたの日、北の門では、「苦を離れようと修行する」人に会われて内心深く思うところあり、やがて二九歳で城を出て山中での苦行に入られます。六年後、苦行の疲弊・無益に気づいて尼連禅河《にれんぜんが》で沐浴し、乳粥の供養を受けて体力を回復、菩提樹の下で端座しておさとりになられました。そのおさとりを初めて説法（転法輪《てんぽうりん》）されたのが、「苦《く》・集《じゅう》・滅《めつ》・道《どう》」の四諦《したい》でした。「人生は苦である、煩悩が集まっているからだ。苦が滅した安らぎ（涅槃）を得るには正しい道を歩むがよい」という教えだったといいます。釋尊のおさとりも「苦悩を除く法」だったのです。

阿弥陀仏の本願もそうです。「如来の作願《さがん》をたづぬれば　苦悩《くのう》の有情《うじょう》をすてずして回向《えこう》を首《しゅ》としたまひて　大悲心《だいひしん》をば成就《じょうじゅ》せり」（阿弥陀仏が願いをおこされたおこころを尋ねてみると、苦しみ悩むあらゆるものを見捨てることができず、何よりも回向を第一として大いなる慈悲の心を成就されたのである〈『現代語版』〉と正像末和讃にあるとおりです。苦悩の我々をすべて救わんというこの大悲心が南無阿弥陀仏と成就され回向されているから「清浄光明」が「畢竟依」になるのであります。

【八　苦悩の現実】

今春I県R市のHさんという見知らぬ女性から手紙がきました。小生の作った『老いて聞く安らぎへの法話CD』を聞いて感銘した、そのご縁で悩みを聞いてほしいということで、こう言われます。「最近S会（宗教団体）の会員たちから集団ストーカーを受けて、ノイローゼになっている。どうしたらよいか」というお尋ねでした。何かS会との間でもめ事でもあったのでしょうか、その内容には立ち入らず、「愚老ではこれとてお助けできる力はありませんが、いくつかの資料を差し上げますので、それを参考にしてください。何か得るところがあれば幸いです」とだけ返書して、次のようなコピーを数点入れて送りました。

①「怒りの解消法」（「心のしおり」本書九八頁のコピー）

特に英語仏教バッジに、“Could I be wrong?”（ひょっとしたら私間違っているかも？）というのがあります。人と対立したとき、この問いかけが自分の心の中に出てきたら、しめたもの。喧嘩の元は「我は正しい」という思い込みです。そこに「いや、待てよ」と自らを振りかえる切っかけがあるかどうか、これが問題。その一瞬の光が平生から称えている念仏ではないでしょうか。いつも称えているから、腹立ったときでも念仏、仏さまが出てくださるのです。平生から教えのインプットがなければ、危機のときのアウトプットは望めないでしょう。

②「気に入らぬ風もあろうに柳かな」仙厓和尚

（平成一九年五月　掲示法語ハガキ）

A氏　今日はもうすっかり頭にきました…○○さんとやりあったんです。余りにも無茶をいうので。

住職　そりゃ大変でしたね。

A氏　先日まで孫がきていて、とても楽しかったのに、今日はもう…

住職　人生、山あり、谷ありですな。

A氏　でも、私にも悪いところがあったのかもしれません。

住職　ほら、この（上段の）句の心境でおられれば、楽なんでしょうがね。

A氏　私なんかとてもそんな心にはなれません。

住職　そこなんですよ。私もなれない。柳の心でいなければと、わかっているはずなのに、気に入らぬ風が来ると、松のまま。

A氏　松？　ああそうか。松のように曲がった根性ということですか。

住職　そう。直らぬ根性の凡夫だからこそ、お念仏しかないのでしたね。

③ **浄土和讃（四）**《聞光会資料　抄》

八王子山　浄厳（300620）

一　「光雲無碍如虚空《こううんむげにょこくう》　一切の有碍《うげ》にさはりなし
光沢《こうたく》かふらぬものぞなき　難思議《なんじぎ》を帰命せよ」　《無碍光》

二　【意訳】如来の光明は雲のように、遍《あまね》くゆきわたって、妨げるもののないことは、あたかも大空のようであり、現象界のいかなるものも、いかなる罪業もこの光明のはたらきの障碍となるものはない。この光明の潤いを蒙らないものはない。不可思議な光明の仏、阿弥陀仏に帰命したてまつれ。

三　【要点】念仏は『こだわるなよ』『必ず救うから』のお喚び声である。
「こだわり、さわり」が出たら、「南無阿弥陀仏」で落着。

④　光と寿《いのち》きわみなし《正信偈「帰敬二句」の法話資料　抄》　藤枝宏壽

一　帰命無量寿如来　（寿《いのち》きわみなき仏に帰命す）
南無不可思議光（如来）　（光きわみなき仏に南無す）

二　光と寿《いのち》きわみなき　阿弥陀ほとけをあおがなん（和訳正信偈）
…これが「南無阿弥陀仏」の意味

三　仏は　無量の寿（いのち）で…無常に苦しむ「いのち」を救う
仏は　無量の光（ひかり）で…煩悩に苦しむ「こころ」を救う

四　煩悩具足の凡夫、火宅無常の世界は、よろづのこと、みなもつてそらごとたはごとまことあることなきに、ただ念仏のみぞまことにておはします。
（『歎異抄』）

…親鸞聖人は、「煩悩」と「無常」という人間の根本的問題の救いは「ただ念仏のみ」にあると信知された。

【礼状】

三週間ほどしてHさんから礼状が来ました。

お返事を下さり本当に有難うございました。プリントを何度も読みました。とても丁寧な分かりやすいプリントでしたので、私の様な者でも理解できました。①枚目の〝ひょっとしたら…私がちがっているかも…腹が立ったらナンマンダブ一〇〇回を称えてみようと思いました。②枚目には、松のように曲がった根性は、本当に私の事です…柳の様になりたいと思いました。③の「さはりなし」では、さわりだらけの毎日ですが、「こだわるな、必ず救うから」の念仏で落着する方法しかないと思いました。④の不可思議の光で照らされ、こころの問題も明るくなるのだなと、一日一日を大切に過ごしたいと思いました。嫌がらせの相手にも思いやりの気持ちをもち、対応していこうと思いました。…今、私は孤立していて一人なので、つらい時があります。そんな時、如来様が隣にいらっしゃると思い過ごしております。(後略)

詳しい説明もつけず、すでに印刷してあった資料的プリント数枚を送っただけでは中味を読みとられただろうか?と不安でしたが、このような返事をもらって安心しました。正に如来の大悲が自ずと「※弘まってくださった」のだと感じ、ついお念仏が出たことです。

《※理屈っぽいことですが、親鸞聖人は、善導大師の偈文「自信教人信《じしんきょうにんしん》　難中轉《なんちゅうてん》

更難《きょうなん》　大悲伝普化《だいひでんふけ》　真成報仏恩《しんじょうほうぶっとん》」（みづから信じ人を教へて信ぜしむること、難《かた》きがなかにうたたまた難《かた》し、大悲を伝へてあまねく化《け》するは、まことに仏恩を報ずるに成る）を二回教行信証に引用されていますが、「大悲**伝**普化」を「大悲**弘**普化《だいひぐふけ》」（大悲弘《ひろ》くあまねく化《け》する）と読み換えておられるのです。自分が伝えるのではなく、大悲が**弘く**教化していかれる・※弘まっていくというお意《こころ》のようです。》

ともかくも、人の苦悩の相《すがた》はいろいろ人によって違うかもしれませんが、惑―業―苦の輪廻・「業繋《ごうけ》」（罪の縄）に変わりはありません。その業繋は如来の清浄光明に「遇《まうあ》う」（「遇此光《ぐしこう》」する）ことによってのみ除かれる。だから「畢竟依《ひっきょうえ》に**帰命せよ**」と和讃されていたのでありました。

【九　畢竟依とは？】

では「畢竟依に帰命せよ」とは、具体的にどうすることですか？　と問われましょう。畢竟依とは究極の依りどころという意味です。人生、悲喜交々いろいろなことがある。山あり谷あり、上り坂あり下り坂あり、そしてマサカまであるのです。

☆龍谷大学教授を定年前に辞められて間もなく愛妻に先立たれ、寺が全焼し、優秀な令息を自死で失い、頼りにした孫らが寺を去る―という四つのマサカに遭遇されながら、浄土の光を仰いでいかれた土橋秀高先生の歌―

両親《おや》おくり妻先にゆき子のいそぐ茜《あかね》の雲は美しきかな　秀高

「茜の雲は美しい」とは単なるお浄土の讃嘆ではなく、「苦難という雲が、浄土の慈光に輝く」という意味であったといいます。その苦難の一つは懺悔でした。「この過失の罪をどう懺悔すればよいのか、自らさいなむ。…一つの懺悔に無数にぶらさがる言いわけ。…謝罪にまつわりつく卑屈な心根。ここには懺悔はない。このような凡心を、仏心にさらすことによってのみ懺悔はありうる」（先生の著『雲わき雲光る』）と、苦難の雲が浄土の光に輝く内実を述べておられます。こうして結局は、浄土―弥陀尊―お念仏が人生究極の依り所・畢竟依であったのですが、畢竟依は決して安直な道ではないのであります。
☆ご令息を亡くされた苦難の中で畢竟依の念仏に生かされた方々は、他にもおられます。
…高史明『死に学ぶ生の真実』法蔵館／足利孝之『倶会一処、ただ念仏して』百華苑／梶原佑倖『禅から念仏へ』百華苑／…等の各位。
☆ご自分が重病・障碍に見舞われたご縁で畢竟依に遇われた方々もおいでです。
…中村久子『こころの手足』春秋社／鈴木章子『癌告知のあとで』探求社／平野恵子『こどもたちよ、ありがとう』法蔵館／…等の各位。

藤原正遠先生は、こういう人生苦難の局面こそ「本願のはたらき場」であるといわれます。「本願念仏の御はたらきくださる場所は、私の道が開けたり、物欲のために迷わされなくなったり、人生に光明が照らしたりする所にはない。人知の万策尽きて、四苦八苦の場所、わが世に処する道閉じた、三定死《さんじょうし》の所に来てくださる南無阿弥陀仏です。

☆いづくにも行くべき道の絶えたれば　口割りたもう南無阿弥陀仏

…（藤原正遠『み運びのままに』）

言い換えれば、ピンチの時こそ「畢竟依に遇える・念仏に遇える絶好の機会」なのです。今日の主題の御和讃でいうと、私達の苦しみ悩みこそ「畢竟依に帰命せよ」が実現する時機なのです。

【一〇　帰命とは】

では、その「帰命」とはどうすることでしょうか。何か一心不乱に仏さまにお祈りすることでしょうか。

鈴木章子《あやこ》師は『癌告知のあとで』という詩集の中でこう詠っています。

帰命

「まかせよ」

「ハイ」

ただ

これだけ…

〝如来さまは我々衆生のことは一切お見通し、ご承知なのです。「辛かろう、苦しかろう、寂しかろう。如来も悲しい。だからこそ、今救いに来ているのだ。救いの手はずはすべて出来ている。ただ、如来にまかせよ」との仰せ。それが「南無阿弥陀仏」の**お喚び声**。絶体絶命の私は「ハイ」と言うばかり。「ナムアミダブツ」と称えるばかり。それが「帰命」（仰せにしたがう）ということなのです。〟

…このように章子さんのお心を窺いました。親鸞聖人は「帰命とは本願**招喚**の勅命なり」といわれています。また「愚痴無智の人も…如来の御はからひにて往生する」と御消息（お手紙）に書かれています。「まかせよ」とはその「御はからい」の上での「御招喚《およびごえ》」なのです。何も難しく考えることはいりません。この御招喚こそ「畢竟依」（究極・最後の依りどころ）なのです。「ハイ。ナムアミダブツ」と全身でいただく他ありません。

以上、本日の法話の要点は、「惑業苦と罪の縄に縛られている我々が、清浄光明に照らされてこそ我が身の罪業に目覚めさせられ、それを救うてくださる究極の依りどころ・如来の御はからいにおまかせしよう。それがお互い人間としての生まれ甲斐である」ということでした。

長らくご清聴ありがとうございました。

南無阿弥陀仏　ナムアミダブツ

あとがき

「勧修寺村《かじゅうじむら》の道徳《どうとく》、明応二年正月一日に御前《ごぜん》へまゐりたるに、蓮如上人仰せられ候ふ。道徳はいくつになるぞ。道徳念仏申さるべし。」これが今年年頭の掲示法語でした。そのお諭しをいただいた私は、「いくつになっても愚かな私　如来の喚び声あればこそ」（愚石）と内心お応えしたことです。「念仏申さるべし。これは如来の本願なり。この中に助けたまふ御はからひあり」との曾祖父浄専の法語（本書二七三頁）が身にしみていたからでしょうか。従って本書を構成する「四種法話」（掲示法語・心のしおり・群萌・法話口演）七十九篇が納まるところはみな「念仏申さるべし」の教え・願いであり、そこへの道程であります。付録でも「念仏成仏の道程」を辿ってみました。

現に本書の中で「念仏」という言葉の使用は二四〇回余という絶対多数を占めています。「念仏成仏是真宗」と標榜される教えが「念仏」で始まり、「念仏」で終わることは理の当然でありましょう。正に自他ともに「念仏申さるべし」でございます。

今回こうして、遅ればせながらも卆寿を前にこの諸種法話集が上梓できますことは、生涯の記念であり、仏祖・祖先・寺族・法友、過去の読者など、諸縁ある方々のご支援・お蔭様と深く喜んでいます。

特に今回も出版企画・校閲に献身的にご尽力下された梶原佑倖師に深甚なる感謝の意を表します。また出版・印刷に関わる細密な庶務をこなしていただいた永田唯人氏に厚く御礼申し上げます。

末筆ながら最後までお読み下さった読者諸氏に敬意を表し、今後のご指導・ご叱正をお願いする次第です。「老いて学べば…」の訓えにあやかりたく存じます。

令和四年九月　　　　　　　　著　者（普勧蔵にて）

最後に、本書の校閲者・本願寺派布教使梶原佑倖師に一言ご感想をお聞きいたします。

「先生の法乳をいただいて」

梶原佑倖

「慈母の乳一百八十石とかや〈吉野秀雄〉」（掲［22］）、遠くこの北海道の地まで、藤枝先生の真心徹到のお念仏の声が届けられました。卒寿にしてなお金剛の大悲心。〝地獄必堕のお前をば救わにゃ親のいのちなし。我にまかせて名を呼べと、必死に喚《よ》ばう弥陀の声〟（群［16］）。私は〝自分の歳の数だけお念仏を称える…〟（群［8］）ばかりでした。〝ここは娑婆五珠《ごだま》おろしてただ念仏《ねぶつ》…何が起きても驚くな…〟（心［18］）。〝無意識性自己中心症候群（心［21］）の身〟。〝行き詰まったその所にこそ如来さまが来てくださって（法［2］）〟〝…口割りたもう南無阿弥陀仏〟（法［3］）。〝いのちがけでほしいものを……やり直しのきかない人生　待ったなしの命〈相田みつを〉〟（掲［6］）〝生きなん今日も拝んで燃えて〟（掲［1］）。〝ニュートリノ…見えない浄土の光が…「あぁもったいない、ナンマンダブツ」〃（心［8］）。〃茜の雲〃（法［3］）は先生のお姿。まさに〃こころのもやもやが　ひとりでにほぐれてゆくようでございます〈榎本栄一〉〃（群［11］）。

近郊の大沼公園の森の中に建てた故長男の記念碑にも報告いたしました。白井成允先生のお歌が裏面にあります。〃☆仮の御身《おみ》を吾子《あこ》と現し常住のみ法を告げて迅《と》く還ります〃（法［1］）。一切は子の還相でした。先生の〃悲願は磁石のよう…引きつけられ・救われていく〃（心［1］）。〃水馬《みずすまし》〃（心［7］）の私は深く合掌するばかりでございます。

（藤城・無相庵にて）

著者紹介

藤枝宏壽（ふじえだ　こうじゅ）

昭和８年（1933）　福井県越前市生まれ

真宗出雲路派了慶寺住職

URL: http://ryokeiji.net

略歴：京都大学（英文）卒業

藤島高校、福井工業高専、福井医科大で英語教授、

仏教大学仏教学科修士課程終了

著書：『〝ぐんもう〟のめざめ』『子どもに聞かせたい法話』（共著）（以上、法蔵館）、『阿弥陀経を味わう三十六篇』『いのちの感動正信偈』『Dewdrops of Dharma』『いただきます』『帰三宝偈・勧衆偈の味わい』『実となる人生』『聖典のことば―問いと学び―』（以上、永田文昌堂）、『聞の座へ』（探究社）、『老いて聞く安らぎへの法話 CD』（了慶寺）、他。

念仏申さるべし

令和四（二〇二二）年十一月二十日　第一刷発行

著　者　藤枝宏壽

発行者　永田　悟

印刷所　㈱図書印刷　同朋舎

製本所　㈱吉田三誠堂

発行所　永田文昌堂

600-8342 京都市下京区花屋町通西洞院西入

電話　〇七五（三七一）六六五一番

FAX　〇七五（三五一）九〇三一番

ISBN978-4-8162-6258-6 C1015